1000 INFOS

L'HISTOIRE DU MONDE ANCIEN

Adaptation française : Ariane Dalimier
Secrétariat d'édition : Yannick Le Bihen
Texte original : Jonh Farndon
Conseiller : Richard Tames

ISBN 2-7000-2706-X
Dépôt légal : mars 2004
PAO : Dédicace, Villeneuve-d'Ascq
Imprimé en Chine

Loi n° 49-956 du 16 juillet 1949 sur les publications destinées à la jeunesse

1000 INFOS

L'HISTOIRE DU MONDE ANCIEN

John Farndon

Adaptation française : Ariane Dalimier

GRÜND

Sommaire

Symboles

Amériques et Pacifique

Monde gréco-romain

Europe

Afrique et Proche-Orient

Asie et Extrême-Orient

Personnages et modes de vie

À la recherche du passé

Sommaire

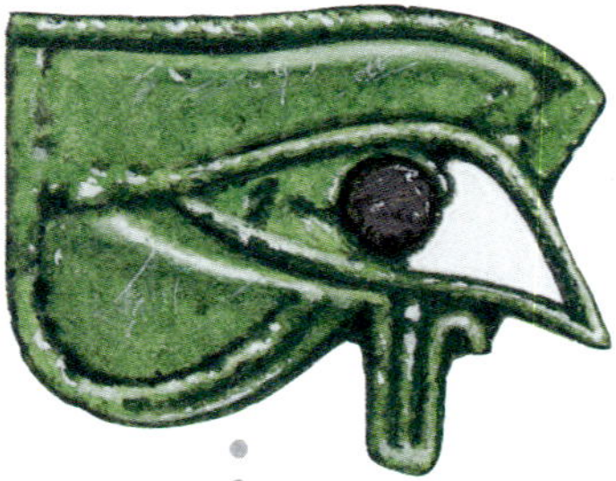

Origines de l'homme

- **Les humains et les singes** ont tant de points communs que les scientifiques pensent qu'ils ont évolué à partir d'un même ancêtre commun.
- **Leur ancêtre commun** serait un animal à quatre pattes proche de l'orang-outan, appelé dryopithèque, qui vivait dans les arbres il y a 22 à 10 millions d'années, comme l'*Afropithecus proconsul* d'Afrique de l'Est.
- **L'individualisation** s'est produite quand les hominidés se sont mis à vivre sur le sol et à marcher sur deux pattes.
- **Des empreintes de pas de bipèdes**, datant de 4 millions d'années, ont été retrouvées, conservées dans la cendre, à Laetoli en Tanzanie.
- **Le premier hominidé** est représenté par l'*Ardipithecus ramidus* apparu, d'après des fragments d'os retrouvés à Aramis en Éthiopie, il y a 4,4 millions d'années.
- **Les tout premiers hominidés** sont des australopithèques (« singes du Sud »), comme l'*Australopithecus anamensis* daté de 4,2 millions d'années.
- **L'australopithèque** ne mesurait que 1 m et son cerveau avait la taille de celui d'un singe, mais il était bipède.
- **Lucy** est l'un des plus anciens (3 millions d'années) squelettes d'*Australopithecus afarensis.* Elle a été découverte en Éthiopie en 1974.

- **Don Johanson et Maurice Tieb**, qui ont découvert Lucy, l'ont nommée ainsi parce qu'ils écoutaient à l'époque la chanson des Beatles *Lucy in the Sky with Diamonds.*
- **La découverte du squelette de Lucy** a permis de démontrer que les hominidés savaient marcher debout avant que leur cerveau se développe.

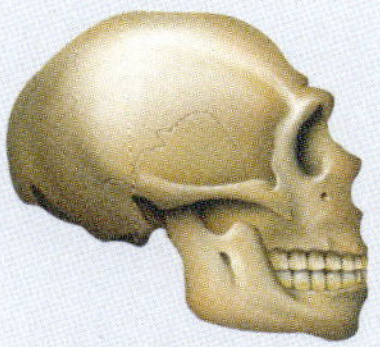

Le crâne de l'homme de Neandertal (ci-dessus) était plus petit que celui de l'homme moderne. Le cerveau humain a mis des milliers d'années à se développer.

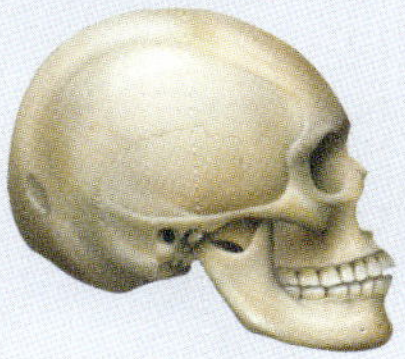

◀ *Les scientifiques pensaient que les humains descendaient directement des australopithèques, avec l'*Homo habilis *(1), l'*Homo erectus *(2), l'homme de Neandertal (3) jusqu'à l'homme actuel (4). Ils savent maintenant qu'il existait plusieurs branches.*

L'Homo habilis

- **Les premiers primates** proches de l'homme actuel sont apparus entre 2,5 et 1,8 millions d'années. Ils faisaient partie du genre *Homo* dans la classification scientifique des êtres vivants.
- **L'*Homo habilis*** et l'*Homo rudolfensis* sont les représentants les plus connus du genre.
- **Ces primates** étaient plus grands que les australopithèques et avaient un cerveau beaucoup plus gros.
- **Contrairement aux australopithèques**, ils mangeaient de la viande. Ils y ont peut-être été contraints par un climat de plus en plus sec, qui réduisait la quantité de végétaux disponibles.
- **L'*Homo habilis*** est connu grâce à des ossements de main, de mâchoire et de crâne, trouvés dans les gorges d'Olduvaï, en Tanzanie, en 1961.
- ***Homo habilis*** veut dire en latin « homme habile ». Il tire son nom de sa capacité à manier les outils avec son pouce qui peut tourner et atteindre l'extrémité des autres doigts.
- **Les premiers hommes** utilisaient des pierres pour casser des os en deux et se nourrir de leur moelle. Au cours de l'évolution, ils se mirent à tailler des pierres pour couper viandes et peaux, afin de se nourrir et de s'habiller. Ils auraient même construit des habitats structurés.

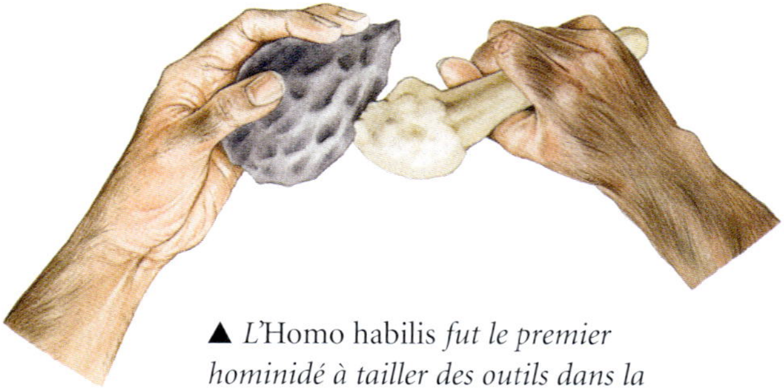

▲ L'Homo habilis *fut le premier hominidé à tailler des outils dans la pierre. Le silex constituait le meilleur matériau car il s'écaille sous les coups d'un os. Des haches étaient faites avec un morceau de silex et des outils coupants réalisés avec les éclats.*

- **Certains scientifiques** pensent que l'apparition d'un renflement dans une zone du cerveau de certains *Homos habilis* indique qu'ils pouvaient parler.
- **Les premiers hommes** ont vécu pendant au moins 1 million d'années aux côtés d'australopithèques plus robustes, les *Paranthropus boisei.*

◄ *Les crânes des premiers hommes, comme l'*Homo habilis *(ci-contre), contenaient des cerveaux de 650 cm³, soit deux fois plus gros que ceux des australopithèques – les nôtres font 1 400 cm³. Ils possédaient un visage de singe avec une mâchoire très avancée et un front incliné.*

Le chasseur

- **Il y a 2 millions d'années environ**, un homme bien plus grand, l'*Homo ergaster*, est apparu. L'*Homo ergaster* avait un corps très semblable au nôtre, avec de longues jambes et un dos droit.
- **L'*Homo ergaster*** mesurait 1,60 m et pesait 65 kg, son cerveau faisait 850 cm^3, soit plus de la moitié du nôtre.
- **Contrairement à l'*Homo habilis***, l'*Homo ergaster* consommait régulièrement de la viande et chassait les gros mammifères.
- **Pour chasser et dépecer la viande**, l'*Homo ergaster* taillait des pierres à double tranchant ou des hachettes. Les scientifiques appellent cela « l'industrie acheuléenne ».
- **Les *Homo ergaster*** chassaient en groupe, la coopération était la clé de leur survie. Ils auraient été amenés à développer la parole.
- **Les *Homo ergaster*** se peignaient le corps avec de l'ocre rouge, un colorant minéral.
- **L'*Homo erectus*** est apparu juste après l'*Homo ergaster*.
- **Des fossiles d'*Homo erectus*** ont été mis au jour en Afrique et à Java. Des outils en pierre datant de 700 000 ans, retrouvés en Indonésie, montrent qu'ils se déplaçaient en bateau.

▲ *La pierre biface (taillée sur les deux faces) est l'outil typique de l'*Homo ergaster *et de l'*Homo erectus.

- **Le feu** a été apprivoisé par l'*Homo erectus*, qui pouvait ainsi vivre dans des endroits plus froids, et varier son alimentation grâce à la cuisson.

▼ *En développant des outils en pierre variés, les premiers hommes multipliaient leurs chances de chasser et de manger des animaux sauvages.*

LE SAVIEZ-VOUS ?

Une bonne adaptation à la marche aurait permis à l'*Homo ergaster* d'Afrique de peupler l'Asie et peut-être l'Europe.

Les neandertaliens

- **Les hominidés** sont apparus bien plus tard en Europe. Le plus ancien, appelé l'*Homo antecessor*, a 800 000 ans. Il serait proche de l'*Homo erectus*.
- **Entre - 800 000 et - 600 000 ans**, l'*Homo heidelbergensis* a fait son apparition dans certaines régions d'Europe, d'Asie et d'Afrique.
- **L'*Homo heidelbergensis*** serait une espèce singulière venue d'Afrique ou une variante de l'*Homo erectus*.
- **L'*Homo heidelbergensis*** avait de nombreux points communs avec l'*Homo erectus*. Son cerveau était aussi gros que celui de l'homme actuel.
- **Il fabriquait des outils en pierre** en coupant d'abord dans la masse avant de tailler la lame d'un seul coup.
- **L'*Homo heidelbergensis*** est l'ancêtre de l'homme de Neandertal qui vivait en Europe entre - 250 000 et - 30 000 ans.
- **L'homme de Neandertal** a pris son nom de la vallée du Neander, en Allemagne, où son squelette a été découvert en 1856.
- **L'homme de Neandertal** était un peu plus petit que l'homme actuel et plus trapu, il avait une capacité cérébrale équivalente. C'était probablement un redoutable chasseur.
- **Les neandertaliens** enterraient leurs morts avec des couronnes de fleurs.
- **Ils vivaient en Croatie** il y a 28 000 ans, bien après l'apparition de l'homme actuel. On ne sait pas ce qui a provoqué sa disparition.

▼ *La plupart des fossiles des premiers hominidés ont été trouvés en Afrique. De nombreuses espèces, dont celle de l'homme actuel, sont d'abord apparues en Afrique puis ont migré. Voici les sites où ces fossiles ont été découverts.*

L'homme actuel

- **Le nom scientifique** de l'homme actuel est *Homo sapiens sapiens.* Le mot *sapiens* est doublé pour le distinguer de l'*H. sapiens neandertalis.*
- **Contrairement à l'homme de Neandertal**, l'homme actuel a un menton proéminent, un visage plat et le front haut.
- **Certains scientifiques** pensent que, comme tous les humains ont un ADN similaire, ils sont les descendants d'une seule femme nommée « Ève » qui, d'après leurs calculs, vivait en Afrique, il y a 200 000 ans. L'ADN est une molécule spécifique contenue dans chaque cellule du corps. Il porte les informations nécessaires à la vie.
- **Les plus anciens crânes humains** ont 130 000 ans. Ils ont été mis au jour dans la vallée de l'Omo, en Éthiopie, et près de Klasies River, en Afrique du Sud.
- **Il y a 30 000 ans environ**, l'homme actuel s'est répandu sur le continent africain et en Eurasie.
- **Les hommes de Cro-Magnon**, du nom des grottes de Dordogne où des squelettes datant de 35 000 ans ont été découverts en 1868, ont été les premiers *Homo sapiens* à peupler l'Europe.
- **Les *Homo sapiens sapiens*** ont atteint l'Australie par bateau, il y a 50 000 ans. Ils se sont également installés en Amérique en partant d'Asie.
- **Les hommes actuels** ont vécu à la même époque que les hommes de Neandertal pendant 10 000 ans, au Moyen-Orient et en Europe.

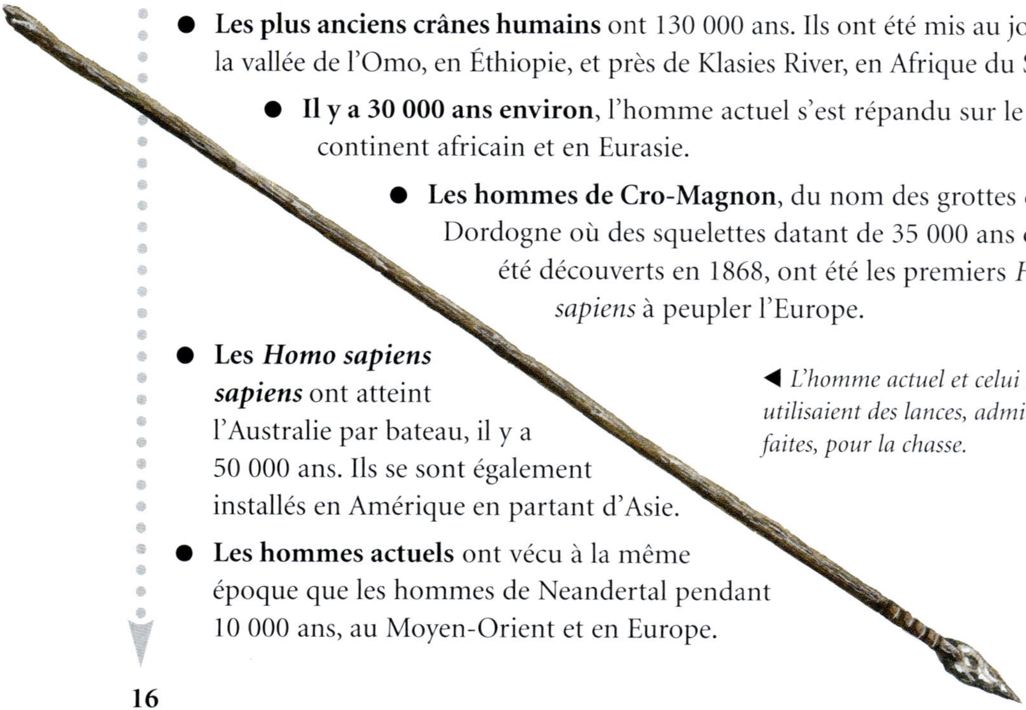

◀ *L'homme actuel et celui de Neandertal utilisaient des lances, admirablement faites, pour la chasse.*

- **Le langage humain** est apparu avec l'*Homo sapiens.* Certains scientifiques pensent que le langage est dû à un « accident » génétique qui s'est développé.
- **L'*Homo sapiens*** représente la dernière étape de l'évolution humaine : amélioration des techniques de fabrication d'outils en pierre, construction de huttes en bois et intérêt plus prononcé pour l'art.

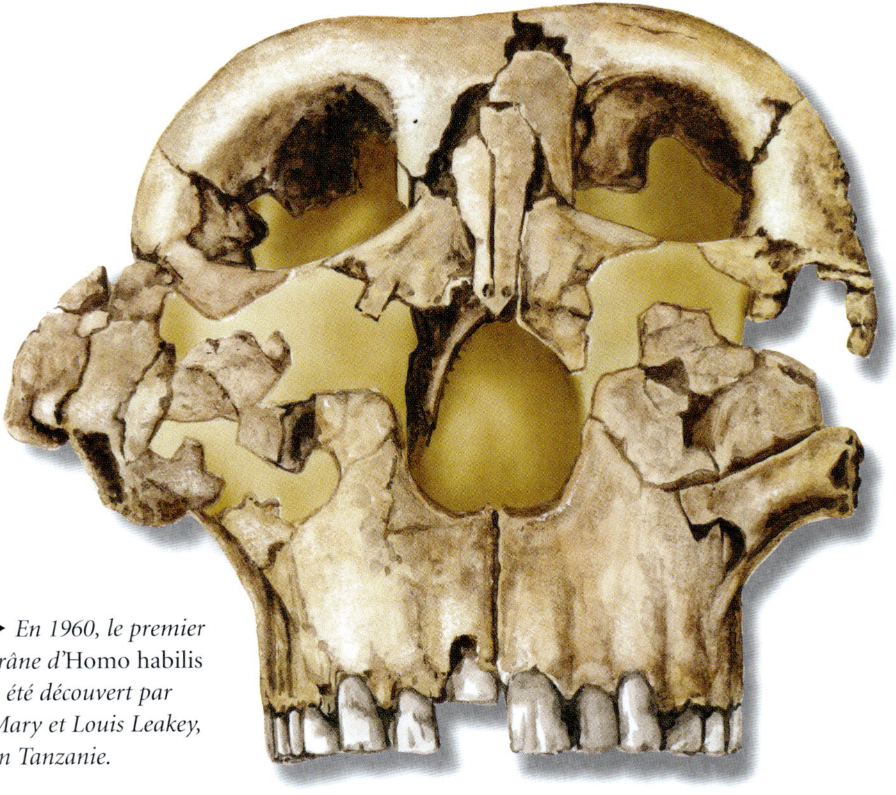

▶ *En 1960, le premier crâne d'*Homo habilis *a été découvert par Mary et Louis Leakey, en Tanzanie.*

Peintures rupestres

- **Les hommes préhistoriques** vivaient parfois dans des grottes, mais ils s'y rendaient surtout pour peindre et dessiner.
- **Les peintures les plus connues** au monde sont celles des grottes de Lascaux (France) et d'Altamira (Espagne). Elles ont été découvertes par des enfants.
- **La datation au carbone 14** indique que les peintures rupestres de Lascaux ont 31 000 ans. Celles mises au jour dans la grotte Chauvet, en Ardèche, sont deux fois plus anciennes.
- **Les dessins de la grotte de Cougnac** ont été réalisés sur une période d'environ 10 000 ans.
- **La plupart des peintures rupestres** représentent des bisons, des cerfs, des chevaux et des mammouths.
- **Pour l'homme préhistorique**, les grottes étaient peut-être des sanctuaires. Les peintures rupestres se rattacheraient ainsi à des rites religieux.
- **Les artistes** peignaient en projetant la peinture sur la paroi de la grotte à l'aide de leur bouche ; cette méthode est également utilisée par les aborigènes d'Australie.
- **Âgées de 14 000 ans**, les fresques de la grotte de Pergouset sont difficiles d'accès : pour les atteindre, il faut ramper sur plus de 150 m dans des galeries étroites.
- **Dans les grottes de Nerja**, en Espagne, il existe des stalactites et stalagmites dont les hommes préhistoriques se servaient comme les lames d'un xylophone.
- **Les peintures des aborigènes** sur les rochers d'Arnhem Land, en Australie, auraient plus de 50 000 ans.

▶ *Les peintures les plus connues sont celles de la salle principale de la grotte de Lascaux ; elles représentent des bisons blessés.*

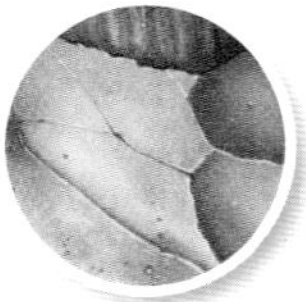

L'âge de pierre

- **L'âge de pierre** est la période qui précède la découverte des métaux par l'homme. Il utilisait jusque-là surtout des pierres pour fabriquer ses outils.
- **Les outils**, marteaux, pointes de lance, couteaux et racloirs étaient fabriqués en taillant la pierre.
- **Les hommes** utilisaient souvent les roches locales. Ils importaient parfois de régions lointaines des pierres de meilleure qualité.
- **Les premiers Européens** utilisaient le silex, tandis que les Africains avaient plutôt recours au quartz, au jaspe, au basalte et à l'obsidienne.
- **En Europe**, on compte trois âges de pierre : l'ancien (paléolithique), le moyen (mésolithique) et le nouveau (néolithique).
- **Le paléolithique** a débuté il y a 2 millions d'années, quand nos ancêtres cueillaient des plantes et chassaient avec des armes en pierre.
- **Le mésolithique** correspond à la période de transition entre l'ancien et le nouvel âge de pierre, après la dernière glaciation qui a pris fin en 12 000 av. J.-C.
- **Le néolithique** est la période durant laquelle l'homme est passé de l'état de chasseur nomade à celui de cultivateur sédentaire. Ce changement s'est initié au Proche-Orient, il y a 10 000 ans.

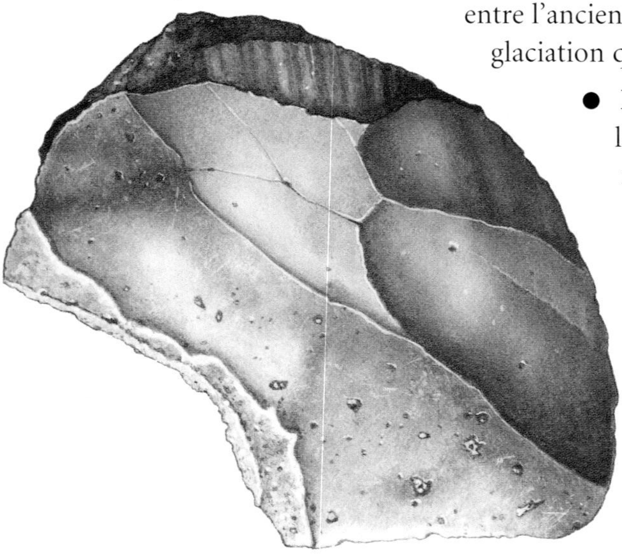

◄ *Cet outil en pierre pouvait couper le bois, la viande et les peaux de bête les plus épaisses.*

- **En 1981**, à Berekhat Ram, sur les hauteurs du Golan en Israël, des archéologues ont trouvé un galet, vieux de 500 000 ans, représentant une silhouette féminine.
- **Les figurines de Vénus** sont des statuettes en pierre de femmes potelées datant de 25 000 ans, mises au jour en Europe.

▶ *Les hommes du mésolithique chassaient avec des arcs, des flèches et des lances.*

L'âge du bronze

- **L'âge du bronze** est la période de la préhistoire durant laquelle les hommes ont commencé à utiliser le bronze.
- **Le bronze** est un alliage de cuivre et d'étain en faible proportion (10 %).
- **Les premiers métaux** utilisés étaient probablement du cuivre et des morceaux d'or. Il y a 6 000 ans, en Turquie et en Iran, ces métaux servaient à fabriquer des objets de décoration.
- **Les minerais** (métaux mélangés à d'autres minéraux) ont probablement été découverts lorsque les hommes ont fait fondre certaines pierres en les chauffant dans un four.
- **En 4000 av. J.-C.**, les forgerons du sud-est de l'Europe et d'Iran ont fabriqué des haches avec un manche en bois et une lame en cuivre.
- **Le cuivre** était utilisé seul avant d'être allié à l'étain pour obtenir du bronze. La métallurgie du cuivre était florissante au Moyen-Orient, dans les premières cités de Mésopotamie, vers 3500 av. J.-C.
- **L'âge du bronze** commence à des périodes différentes selon les régions. Il débute entre 3500 et 3000 av. J.-C. au Proche-Orient, dans les Balkans et en Asie du Sud-Est, quand les forgerons ont découvert qu'en ajoutant au cuivre un peu d'étain, ils obtenaient du bronze, plus solide que le cuivre et plus facile à façonner en lames tranchantes.

▶ *Hache de l'âge du bronze, 1500-700 av. J.-C.*

- **La métallurgie du bronze** s'est répandue lentement en Eurasie. Dès 1500 av. J.-C., le bronze était largement utilisé dans toute l'Europe et l'Asie.
- **La rareté de l'étain** a encouragé de grands courants de commerce. Le processus d'extraction du minerai se développe et les premières mines apparaissent.
- **Le bronze** peut être coulé, c'est-à-dire fondu et placé dans un moule en argile, lui-même fabriqué à partir d'un moulage en cire. Pour la première fois, les hommes réalisaient des objets de la forme qu'ils voulaient. Les artisans eurasiens coulaient le bronze pour fabriquer des armes et des ustensiles de cuisine.

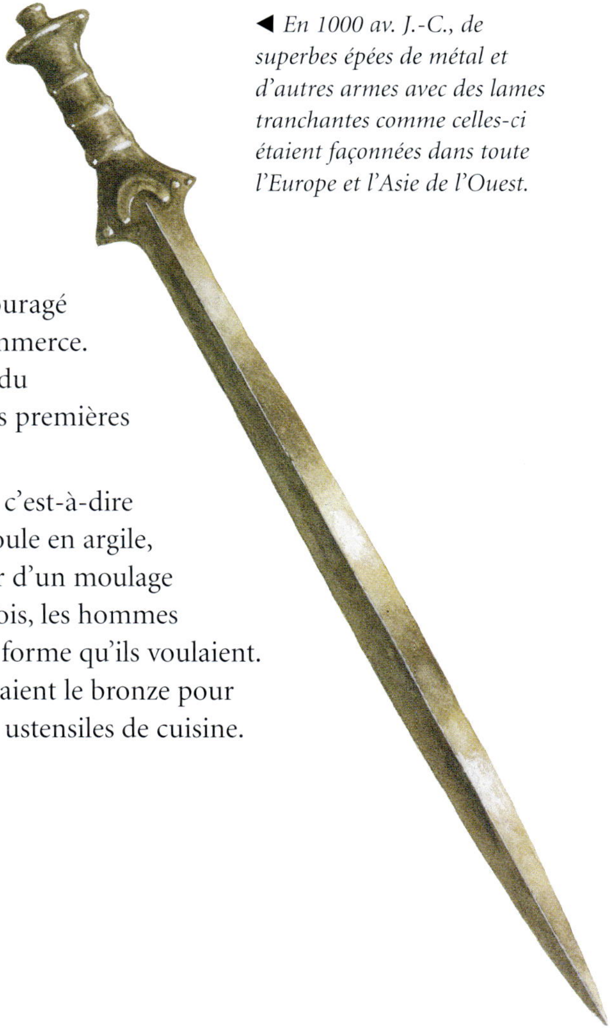

◄ *En 1000 av. J.-C., de superbes épées de métal et d'autres armes avec des lames tranchantes comme celles-ci étaient façonnées dans toute l'Europe et l'Asie de l'Ouest.*

L'âge du fer

- **L'âge du fer** est l'époque préhistorique durant laquelle le fer a remplacé le bronze et est devenu le métal le plus utilisé.
- **Les Hittites**, originaires d'Anatolie (Turquie), ont été les premiers à utiliser le fer, vers 1500-1200 av. J.-C. Pendant des siècles, la possession d'armes en fer a donné une immense supériorité militaire aux Hittites.
- **En 1200 av. J.-C.**, alors que l'empire des Hittites s'effondrait brutalement, l'utilisation du fer s'est répandue en Asie et en Europe centrale. Les Doriens l'ont introduit en Grèce à la même époque.
- **L'étain et le cuivre** étant rares, les objets en bronze étaient réservés aux chefs. Comme le fer était plus abondant, la plupart des hommes possédaient des objets en métal, comme des ustensiles de cuisine.
- **L'agriculture s'est développée** très vite avec l'apparition et la diffusion des faux et des haches en fer. Ces outils plus solides permettaient de labourer et de moissonner plus rapidement.
- **La croissance de la population** a entraîné une lutte pour s'octroyer les ressources. Les guerres se sont multipliées en Eurasie. Beaucoup de villages d'Europe du Nord se sont alors installés sur des collines, protégés par des remparts en terre, des fossés et des palissades.
- **En 650 av. J.-C.**, les Celtes qui maîtrisaient le travail du fer ont commencé à dominer l'Europe du Nord.

LE SAVIEZ-VOUS ?

En 1950, un homme de l'âge du fer, très bien conservé pendant 2 000 ans, a été trouvé dans une tourbière à Tollund, dans le Jutland, au Danemark.

▶ *Grâce à la profusion du fer, même un homme assez pauvre pouvait avoir sa propre épée.*

- **En Chine,** le travail du fer est devenu courant vers 600 av. J.-C. Les Chinois utilisaient des souffleries pour faire fondre le minerai en grande quantité.
- **En Afrique de l'Ouest**, les outils en fer sont apparus vers 400 av. J.-C. avec les Noks. Ils parlaient des langues bantoues et furent les premiers à s'installer dans le Sud et l'Est africains.

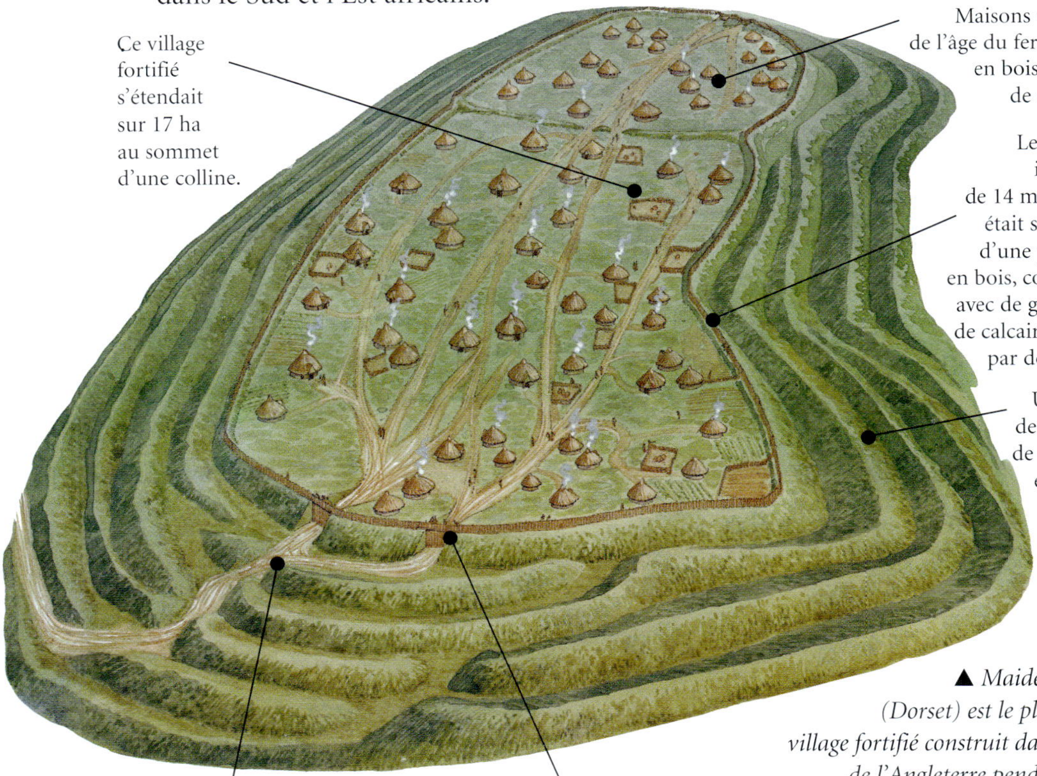

▲ *Maiden Castle (Dorset) est le plus grand village fortifié construit dans le sud de l'Angleterre pendant l'âge du fer. Voici à quoi un village ressemblait en 300 av. J.-C.*

Les mégalithes

- **Mégalithe** signifie « pierre géante ».
- **Les mégalithes** sont faits d'immenses blocs de pierre, érigés en Europe de l'Ouest au néolithique, durant l'âge du bronze, entre 4000 et 1500 av. J.-C.
- **Autrefois,** les historiens pensaient que le mégalithisme était originaire d'un seul endroit et qu'il s'était répandu. Aujourd'hui, les scientifiques sont presque certains que les mégalithes sont apparus simultanément dans plusieurs régions.
- **Les menhirs** sont de grosses pierres dressées verticalement. Ils sont parfois éparpillés, ou disposés en cercles, ou encore alignés.

▼ *Les allées de menhirs les plus connues sont celles de Carnac en Bretagne, où des milliers de pierres sont alignées.*

LE SAVIEZ-VOUS ?

Le grand menhir brisé, près de Carnac, est sept fois plus lourd que les plus grosses pierres de Stonehenge, en Angleterre.

▶ Il a fallu 1 400 ans pour réaliser Stonehenge. Les peuples de l'âge de pierre ont d'abord creusé des fossés circulaires, puis ont ajouté des pierres géantes dont certaines ont été prises à plus de 350 km du site. Les plus grandes pierres dressées font 9 m de haut et pèsent 50 t. Stonehenge aurait été un sanctuaire dédié au soleil.

- **Le plus imposant menhir connu** est le grand menhir brisé de Locmariaquer, près de Carnac. Cette seule pierre, autrefois dressée, mesure 20 m de hauteur et pèse 280 t.
- **Le plus grand cercle de pierres** se trouve à Avebury, dans le Wiltshire (sud de l'Angleterre).
- **Le site mégalithique circulaire le plus admirable** est celui de Stonehenge dans la plaine de Salisbury. Il a été aménagé entre 2950 et 1600 av. J.-C.
- **Certains mégalithes sont associés à des événements astronomiques**, comme le lever du soleil au solstice d'été. Ils auraient servi de calendrier.
- **Pour ériger les mégalithes**, il fallait de nombreux hommes. Ils se servaient de leviers, de cordes et d'énormes rouleaux en bois pour déplacer les pierres.

L'archéologie

- **L'archéologie** est l'étude scientifique des civilisations anciennes par l'analyse des vestiges laissés par les hommes.
- **Les vestiges** sont souvent enterrés. Certains se trouvent aussi au fond de la mer.
- **Les photos aériennes** indiquent parfois aux archéologues où ils doivent chercher. Les cultures poussent en effet différemment là où sont enfouis les vestiges d'un habitat ancien.

▲ *Les fouilles archéologiques constituent un travail laborieux. Les archéologues doivent éviter de passer à côté d'un vestige ou de l'endommager en creusant trop vite.*

- **Des géophysiciens** utilisent des détecteurs de métaux et des sondes électroniques pour définir les caractéristiques du sous-sol et en détecter les anomalies.
- **Sur le terrain**, l'archéologue parcourt le site des fouilles et regarde attentivement le sol pour repérer de minuscules fossiles.
- **Lors d'une fouille**, les archéologues creusent délicatement la terre, couche après couche et notent avec précision tout ce qu'ils découvrent.

poterie statue lampes bijoux

Les archéologues ont trouvé des vestiges qui permettent de mieux connaître la vie des Romains : les poteries sont très bien exécutées ; les statues donnent une idée de l'apparence des Romains ; des lampes à huile ont été déterrées et nous savons qu'ils aimaient les bijoux.

- **Les archéologues** font appel à divers spécialistes pour les aider à interpréter leurs découvertes. Un médecin légiste peut leur dire d'après un squelette comment l'individu en question est mort.
- **Plus un fossile est enfoui profondément**, plus il a de chances d'être ancien.
- **Le carbone 14** permet de dater les restes d'êtres vivants, d'après le carbone qu'ils contiennent. Cette méthode donne une date précise jusqu'à 50 000 ans.
- **Le potassium et l'argon** permettent de dater les roches dans lesquelles se trouvent les vestiges. C'est ainsi qu'on a pu dater les restes humains trouvés en Afrique.

▶ *Ces fouilles archéologiques permettent de découvrir des vestiges de la période romaine et d'approfondir ainsi notre connaissance du monde romain.*

Premiers cultivateurs

- **Des traces d'amidon** sur des outils préhistoriques en pierre trouvés en Papouasie-Nouvelle-Guinée indiquent que des patates douces y étaient cultivées, il y a 30 000 ans.
- **Des châtaignes d'eau et des haricots** étaient aussi cultivés au nord du Viêtnam, entre 11000 et 7500 av. J.-C.
- **En 9000 av. J.-C. environ**, des peuples ont abandonné leur ancien mode de vie, la chasse et la cueillette, pour se sédentariser et cultiver la terre. Les scientifiques appellent ce grand changement « la révolution néolithique ».
- **L'agriculture est apparue** lorsque des hommes ont planté des graines au Proche-Orient, dans le Guangdong en Chine et en Amérique latine.
- **Le blé rouge et l'orge** étaient cultivés au Proche-Orient en 8000 av. J.-C. Les moutons et les chèvres ont été apprivoisés peu de temps après.
- **L'existence de la charrue** tirée par des bœufs est attestée en 5000 av. J.-C. Les Chinois utilisaient déjà depuis longtemps la charrue à main.
- **Des canaux d'irrigation** ont été creusés à Choya Mami, près de Mandali, en Irak, entre 5500 et 4750 av. J.-C.
- **La Chine, l'Indus, l'Égypte et Babylone** avaient mis en place de vastes systèmes d'irrigation dès 3000 av. J.-C.
- **Les premiers agriculteurs** récoltaient les grains à l'aide de faucilles en silex.
- **Les hommes** ont rapidement appris à faire des réserves de nourriture. Les granges souterraines de Ban-Po, en Chine, datent de 4800 av. J.-C.

▲ *L'agriculture est née il y a 11 000 ans, quand les hommes ont commencé à semer des graines et à moudre leur production pour obtenir de la farine.*

Les premières cités

- **Les murs de la ville de Jéricho**, sur les rives du Jourdain, au Proche-Orient, datent de 11 000 ans. Cette ville n'a cessé d'être habitée.
- **Les hommes** ont commencé à habiter les villes quand l'agriculture a produit assez de nourriture pour que certains se spécialisent dans l'artisanat, comme la vannerie, et qu'ils adoptent le troc.
- **Les villages et les villes** seraient d'abord apparus au Proche-Orient, pendant le néolithique, vers 8000 av. J.-C.
- **Les *tells*** sont des collines formées par les ruines d'anciens sites (au Proche et Moyen-Orient).
- **La plus connue des cités anciennes** est Çatal Höyük, en Anatolie (Turquie). Elle a prospéré entre 7000 et 5500 av. J.-C. Elle abritait 10 000 âmes.
- **Les maisons de Çatal Höyük** étaient construites en briques de terre séchée et recouvertes de plâtre fin. Certaines pièces étaient des lieux saints, décorées de têtes de taureau et de déesses-mères.
- **Asikli Höyük** se trouve à proximité de Çatal Höyük qui existait plus d'un millier d'années avant celle-ci.
- **La première grande cité** est Eridu en Mésopotamie, elle possédait un temple datant de 4900 av. J.-C.
- **50 000 personnes** habitaient Uruk (actuelle Warka en Irak), cité sumérienne sur les rives de l'Euphrate, en 3500 av. J.-C.
- **La cité sumérienne d'Ur** a été la première à atteindre une population de 250 000 habitants, vers 2500 av. J.-C.

▲ *Les maisons de Çatal Höyük étaient si proches les unes des autres que leurs habitants devaient entrer chez eux par les toits grâce à une échelle glissée dans une ouverture.*

Entre deux fleuves

- **La Mésopotamie** se trouve entre le Tigre et l'Euphrate, à cheval sur la Turquie, la Syrie et l'Irak. Ce mot signifie en grec « entre deux fleuves ».
- **La Mésopotamie** est nommée « berceau de la civilisation » car de nombreuses civilisations y sont nées : celles des Sumériens, des Babyloniens et des Assyriens.
- **La première civilisation** a été celle des Sumériens. Ils vivaient dans des maisons en brique et cultivaient des terres irriguées par l'Euphrate, en 5000 av. J.-C.
- **En 4000 av. J.-C.**, Eridu, Uruk et Ur sont devenues des villes avec une alimentation en eau et un système d'égouts, ainsi que des palais et des temples en forme de pyramides à étages, appelés ziggourats.
- **Les Sumériens** ont inventé l'écriture cunéiforme, constituée de signes et de marques en forme de coins gravés sur des tablettes d'argile.

▲ *En 3200 av. J.-C., des charrettes, comme celle-ci, étaient utilisées dans le Sumer. Personne ne sait quand la roue a été inventée, mais elle a sûrement été inspirée par les tours de potier.*

- **Les Sumériens** moulaient toutes sortes de magnifiques objets, d'abord en cuivre, puis en bronze à partir de 3500 av. J.-C.
- ***L'Épopée de Gilgamesh***, héros sumérien, évoque un déluge semblable à celui de la Bible, avec le récit de l'Arche de Noé.
- **Les Sumériens** ont élaboré les premiers systèmes connus de lois et de gouvernement.
- **Initialement**, chaque cité ou cité-État était dirigée par un conseil d'anciens ou par un *lugal* (chef) en temps de guerre. En 2900 av. J.-C., les lugals ont pris le pouvoir et sont devenus des rois.
- **En 2350 av. J.-C.**, le Sumer est envahi par Sargon d'Akkad. Le pouvoir sumérien est rétabli à Ur, en 2150 av. J.-C.

▶ L'Épopée de Gilgamesh *a été composée en 2000 av. J.-C. Elle raconte l'histoire de Gilgamesh (à droite), roi puissant et tyrannique de l'ancien Sumer. Quand son peuple demande de l'aide, les dieux lui envoient Enkidu qui devient l'allié de Gilgamesh. La fin du poème décrit un grand déluge qui serait le même que celui vécu par Noé dans la Bible.*

L'Indus

- **En 3000 av. J.-C.**, une civilisation s'est développée à partir de communautés agricoles, dans la vallée de l'Indus.
- **Les ruines** d'une centaine de villes de cette civilisation ont été découvertes. Les sites principaux sont Mohenjo-Daro, Harappa, Kalibangan et Lothal.
- **Les cités de l'Indus** étaient très bien conçues, avec des rues droites, des bains publics et de vastes granges.
- **Au centre de ces cités** se trouvait une citadelle fortifiée, construite sur une plate-forme en brique. C'est là que les chefs vivaient.

▼ *Les marchands de l'Indus utilisaient un sceau, comme celui-ci, pour marquer leurs marchandises.*

- **Les maisons**, en brique, possédaient plusieurs chambres, des toilettes et un puits.
- **La civilisation de l'Indus** avait sa propre écriture dont on a retrouvé des traces sur des sceaux. Personne n'a encore réussi à la déchiffrer.
- **Les huttes** placées à chaque carrefour auraient été des postes de police.
- **Mohenjo-Daro et Harappa** abritaient chacune 35 000 âmes en 2500 av. J.-C.

En 1750 av. J.-C., la civilisation de l'Indus a commencé à péricliter, peut-être à cause des crues de l'Indus. Les guerres auraient favorisé ce déclin. Elle s'est finalement éteinte avec l'arrivée des Aryens en Inde, en 1500 av. J.-C.

▲ *Les habitants de Mohenjo-Daro utilisaient des charrettes tirées par des bœufs. Ce moyen de transport étant très lent, ils utilisaient également le fleuve comme voie de communication.*

LE SAVIEZ-VOUS ?

Des sceaux en stéatite, utilisés pour le commerce, ont été retrouvés bien loin de l'Indus, à Bahreïn et à Ur.

Premières migrations

- **Les premières migrations** ont eu lieu lorsque l'*Homo ergaster* a quitté l'Afrique, il y a 750 000 ans.
- **Les scientifiques** pensaient que les océans avaient limité les migrations. Il semble aujourd'hui que les hommes préhistoriques ont voyagé par bateau.
- **Il y a 100 000 ans**, les hommes ont quitté l'Afrique pour le Proche-Orient.
- **Il y a 50 000 ans**, les hommes ont commencé à gagner tous les continents, sauf l'Antarctique. Ces migrations ont duré 20 000 ans.
- **Il y a 50 000 ou 40 000 ans**, les hommes sont allés en Australie et en Asie. Entre 5 000 et 10 000 ans plus tard, ils s'installaient en Europe. Il y a 30 000 ou 25 000 ans, ils sont passés par le Nord-Est de l'Asie pour aller en Amérique.
- **Les premiers hommes** étaient des chasseurs nomades qui se déplaçaient sans cesse pour suivre les animaux à travers les étendues désertiques.
- **Des changements climatiques** ont déclenché de nombreuses migrations. Les hommes migraient vers le nord pendant les périodes de chaleur et vers le sud durant les périodes glaciaires. À la fin de la dernière glaciation, il y a 10 000 ans, les chasseurs sont partis vers le nord. Ceux qui sont restés au Moyen-Orient se sont mis à l'agriculture.

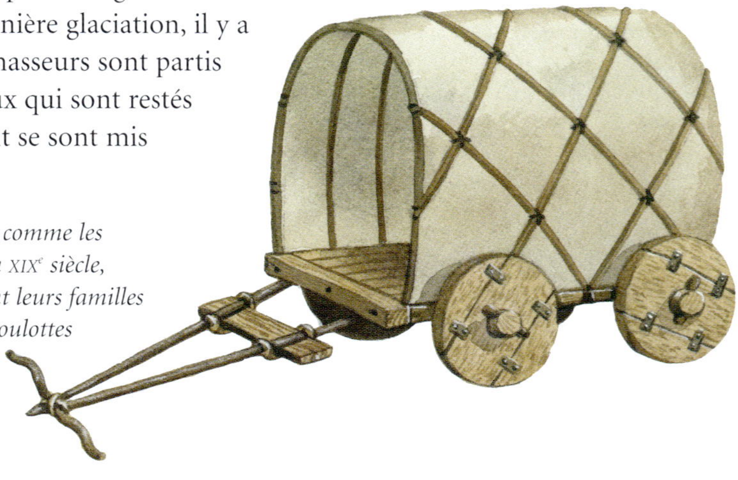

▶ *Il y a 4 000 ans, tout comme les pionniers américains au XIXe siècle, les Aryens transportaient leurs familles et leurs biens dans des roulottes tractées par des bœufs.*

▲ *Lors des périodes de glaciation, les hommes utilisaient des lances à pointe d'os, de merrain ou de silex pour chasser, par exemple, d'énormes mammouths.*

- **Il y a 9 000 ou 7 000 ans**, la pratique de l'agriculture a commencé à se répandre vers le nord-ouest, à travers toute l'Europe.
- **Il y a 4 000 ans**, les Indo-Européens se sont dispersés. Ils sont allés vers le sud, en Iran (les Mitanniens) et en Inde (les Aryens) ; vers le sud-ouest, en Turquie (les Hittites) et en Grèce (les Mycéniens), et vers l'ouest (les Celtes).
- **Il y a 3 000 ans**, le Sahara a commencé à s'assécher. Les gens qui vivaient là se sont déplacés vers le pourtour de cette région et les peuples bantous du Nigeria et du Congo se sont dispersés vers le sud de l'Afrique.

L'Egypte ancienne

- **Tandis qu'en Mésopotamie**, une douzaine de cités prospéraient, l'Égypte se préparait à devenir la première grande nation de l'histoire.
- **Dès 5000-3300 av. J.-C.**, les hommes installés sur le bord du Nil ont creusé des canaux afin de contrôler les crues annuelles du fleuve et irriguer leurs champs.
- **En 3300 av. J.-C.**, les villages agricoles sont devenus des cités. Les riches et puissants rois de ces cités se sont fait enterrer dans de grands tombeaux de forme rectangulaire en terre séchée, appelés *mastabas.*
- **Les habitants des premières cités égyptiennes** étaient de très bons artisans. Ils travaillaient le cuivre et la pierre, peignaient, tissaient et fabriquaient des poteries.
- **L'Égypte** était divisée en Haute et Basse-Égypte. En 3100 av. J.-C., Ménès, roi du Sud, a conquis le Nord pour réunir les deux royaumes. Les souverains égyptiens ont gardé le titre de roi de la Haute et de la Basse-Égypte.

▶ *Pendant l'Ancien Empire, les Égyptiens ont bâti de grandes cités et de majestueux monuments le long de la vallée du Nil.*

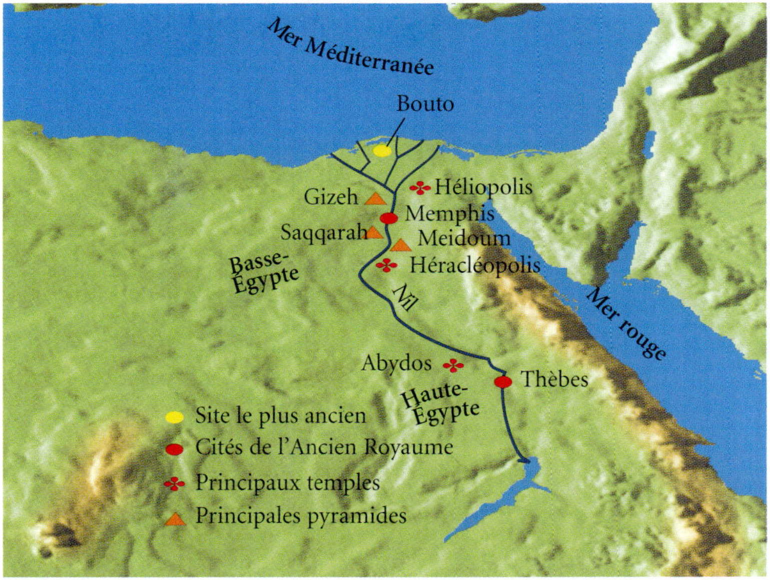

▶ *Les villes et sites principaux de la civilisation de l'Égypte ancienne.*

- **Memphis**, capitale de l'Égypte unifiée, a été édifiée par le pharaon Ménès.
- **Ménès** a été le fondateur de la première dynastie des pharaons d'Égypte. L'époque thinite qui correspond au règne des Ire et IIe dynasties s'est achevée en 2649 av. J. -C.
- **L'Ancien Empire** (2649-2134 av. J.-C.) correspond pour certains historiens à l'apogée de la culture égyptienne.
- **Sous l'Ancien Empire**, les artisans ont affiné leurs objets, tandis que les savants exploraient de nouveaux domaines : écriture, astronomie et mathématiques.
- **Le plus grand savant égyptien** a été Imhotep, prêtre et vizir du roi Djoser (2630-2611 av. J.-C.). Il a été l'architecte de la première des grandes pyramides à degrés, à Saqqarah.

Babylone

- **Babylone** était l'une des plus grandes cités de l'Ancien Monde. Elle se trouvait sur les bords de l'Euphrate, près de l'actuelle Hilla, en Irak.
- **Le Premier Empire babylonien** (1792-1234 av. J.-C.) et le Nouvel Empire (626-539 av. J.-C.) constituent les grandes périodes d'apogée de la cité.
- **2200 av. J.-C.** marque l'essor de Babylone qui prend une réelle importance à partir de 1792 av. J.-C., avec Hammourabi. En 43 ans de règne, après des conquêtes territoriales en Mésopotamie, il a fait de Babylone un grand empire.
- **Hammourabi** était un grand législateur. Il a fait rédiger un code de lois, dont une version est gravée sur une stèle qui se trouve au Louvre. Ce code rappelle entre autres que les plus forts ne doivent pas opprimer les faibles. Le code fixe également des sentences pour punir ou réparer certains crimes.

▼ *Pour les Grecs anciens, les jardins suspendus de Babylone étaient l'une des sept merveilles du monde. Nabuchodonosor les aurait construits pour sa femme qui regrettait la verdure de ses montagnes natales.*

- **Avec les successeurs d'Hammourabi**, la puissance de Babylone a décliné et les Assyriens ont pris le pouvoir. Après une longue résistance des Babyloniens, les Assyriens ont rasé la cité en 689 av. J.-C., pour la reconstruire 11 ans plus tard.

- **À peine 60 ans plus tard**, Nabopolassar, roi de Babylone, et son fils Nabuchodonosor II écrasaient les Assyriens et fondaient le Nouvel Empire babylonien.

▲ *Babylone était à son apogée sous Nabuchodonosor II (630-562 av. J.-C.). Ce dernier a conquis Jérusalem et lancé de grands projets de construction.*

- **Sous Nabuchodonosor II**, Babylone est devenue une vaste et magnifique cité, qui comptait plus de 250 000 habitants, de grands palais et des temples imposants.

- **Babylone** était entourée de murs en briques vernissées bleues de 26 m d'épaisseur, décorés de sculptures de dragons, de lions et de taureaux. Il existait huit immenses portes en bronze, dont la plus grande était celle d'Ishtar, qui donnait sur la grande voie processionnelle.

- **Les Babyloniens** étaient si sûrs de leur puissance que le roi Balthasar organisait une fête au moment où les Perses, menés par Cyrus le Grand, les ont attaqués. Les hommes de Cyrus ont creusé des canaux pour dévier l'Euphrate et se sont glissés dans la ville en suivant le lit du fleuve.

LE SAVIEZ-VOUS ?

À son entrée dans Babylone, mourant de fièvre, Alexandre le Grand a apaisé sa douleur dans les jardins suspendus.

La Chine ancienne

- **Il y a 7 000 ans**, en Chine, les communautés agricoles de la culture néolithique dite « du Yangshao » se sont développées près de Huang He (fleuve Jaune). En 5000 av. J.-C., la culture du riz a fait son apparition.
- **Les premiers empereurs chinois** sont connus au travers de récits légendaires. Huang-di, le Souverain jaune, aurait accédé au trône en 2697 av. J.-C.
- **Vers 2690 av. J.-C.**, la femme de Huang-di, Xi-Ling Shi, a découvert comment utiliser le cocon du ver à soie (le bombyx du mûrier) pour fabriquer du textile. Xi-Ling a alors été surnommée Seine-Than, la déesse de la Soie.
- **À partir de 2000 av. J.-C.**, les Chinois sculptaient magnifiquement le jade.
- **La famille des Xia** aurait fondé l'une des premières dynasties d'empereurs chinois. Elle aurait régné de 2000 à 1750 av. J.-C.

◄ *Les empereurs Shang étaient de grands guerriers. Les armures de leurs soldats étaient rembourrées avec des bambous.*

- **La première dynastie d'empereurs** connue avec certitude est celle des Shang. Ils sont arrivés au pouvoir en 1750 av. J.-C.
- **Les empereurs Shang** interrogeaient les esprits. Les plus anciens exemples d'écriture chinoise se trouvent sur les os d'animaux qui servaient à la divination ; on y gravait les questions posées aux esprits.
- **Sous les Shang**, les Chinois étaient des fondeurs de bronze réputés.
- **Les capitales des Shang**, Anyang et Zhengzhou, étaient fortifiées et possédaient de beaux temples. Elles étaient ceintes de faubourgs et de villages d'artisans.
- **Les Shang** se faisaient enterrer avec leurs domestiques et prisonniers, ainsi que divers objets comme des chars.

▲ *Le ver à soie (la larve ou le jeune papillon du bombyx du mûrier) se nourrit de feuilles de mûrier. La soie a été inventée en Chine. Sa méthode de fabrication est restée secrète pendant des années.*

L'écriture égyptienne

- **Entre 3300 et 3100 av. J.-C.**, l'écriture s'est développée dans l'Égypte ancienne. Elle aurait été inspirée par des inscriptions sumériennes.
- **L'écriture égyptienne** est dite hiéroglyphique (ce qui signifie en grec « sacrée »). Les Égyptiens croyaient que l'écriture leur avait été donnée par le dieu Thot et l'appelaient « la parole des dieux ».
- **Les derniers hiéroglyphes** ont été écrits en 394 apr. J.-C. : à l'époque, tout le monde les lisait très bien.
- **En 1799**, les soldats de l'armée napoléonienne ont découvert, en Égypte, la pierre de Rosette. Elle présentait une inscription avec le même texte écrit en caractères grecs, hiéroglyphiques et démotiques.
- **En 1822**, Champollion a déchiffré la pierre de Rosette. Il comprit que l'écriture égyptienne mêlait des images (pictogrammes) et des sons (des signes phonétiques).
- **700 hiéroglyphes** étaient utilisés par les Égyptiens. Ce sont des dessins qui s'écrivent de gauche à droite, de droite à gauche ou verticalement.

▲ *Quand Champollion a traduit le texte grec qui se trouvait sur la pierre de Rosette, il a alors pu déchiffrer l'inscription faite en hiéroglyphes.*

▲ *Les murs des tombes égyptiennes sont couverts de hiéroglyphes.*

- **Les hiéroglyphes inscrits** dans un ovale (cartouche) désignaient les noms des pharaons.
- **L'écriture hiératique** d'abord, puis l'écriture démotique étaient d'un usage plus quotidien.
- **Les Égyptiens** n'écrivaient pas seulement sur les tombeaux, ils écrivaient tous les jours avec de l'encre et des pinceaux sur du papyrus ou sur des *ostrakons* (tessons de poterie).
- **Seuls les scribes qualifiés** avaient le droit d'écrire. Ils étaient très bien payés et souvent exemptés d'impôts.

▲ *Le papyrus est fait avec des bandes humides de papyrus, juxtaposées en couches perpendiculaires puis collées.*

La vie en Egypte

- **Les Égyptiens** se lavaient chaque jour, dans le Nil, ou avec une cruche et une cuvette. Les plus riches se douchaient avec l'aide de leurs serviteurs.
- **Ils n'utilisaient pas de savon** mais une crème à base d'huile, de tilleul et de parfum. Ils se frictionnaient ensuite le corps avec de l'huile hydratante.
- **Les Égyptiennes** mettaient du henné sur leurs ongles et se rougissaient les lèvres et les joues avec de l'ocre.
- **La mode égyptienne** a peu évolué au fil des siècles. Les Égyptiens ont toujours porté des vêtements en lin blanc.
- **Les hommes** nouaient un pagne en lin autour de leur taille. Les femmes portaient de longues robes légères. Les enfants se promenaient nus en été.

▲ *Les Égyptiennes étaient très soucieuses de leur apparence ; elles se maquillaient, portaient des bijoux et se coiffaient avec soin.*

- **Hommes et femmes** portaient des bijoux. Ceux des plus riches étaient en or, incrustés de pierres précieuses ; ceux des pauvres, en cuivre ou en faïence.
- **Les Égyptiens** adoraient les jeux de société, comme celui du *senet.*
- **De grands banquets**, avec boissons, nourriture à volonté, chanteurs, musiciens, acrobates et danseuses étaient organisés par les Égyptiens les plus fortunés.
- **Les riches Égyptiens** partaient souvent pêcher ou faire du bateau.

▶ *Dans l'Égypte ancienne, l'homme devait pourvoir au besoin de sa famille et la femme tenir sa maison propre. Certains couples vivaient chez les parents du mari ou de la femme.*

LE SAVIEZ-VOUS ?

Les Égyptiens se maquillaient les yeux avec du khôl, fabriqué à partir de malachite et de galène.

La Crète antique

- **L'une des premières civilisations d'Europe,** dite minoenne, est née en Crète, une île du sud de la Grèce.
- **Cette civilisation**, née en 3000 av. J.-C., a connu son apogée entre 2200 et 1450 av. J.-C. Elle a mystérieusement disparu, peut-être après l'éruption du volcan de l'île voisine de Santorin.
- **L'appellation** « **minoenne** » vient de Minos, roi mythique de la Crète. Il était le fils d'Europa, une princesse séduite par Zeus sous les traits d'un taureau.
- **Selon la mythologie grecque,** Minos a construit un labyrinthe où vivait le Minotaure, monstre à corps d'homme et à tête de taureau.
- **Prendre un taureau** par les cornes et sauter par-dessus était un des rites de la religion minoenne.
- **Les scientifiques** pensent que Minos n'était qu'un titre royal et que tous les rois crétois portaient ce nom.
- **Les Minoens** étaient de grands marins qui voyageaient dans toute la Méditerranée.
- **Un palais** était édifié au centre de chaque cité minoenne, comme à Cnossos, Zakros, Phaïstos et Mallia.

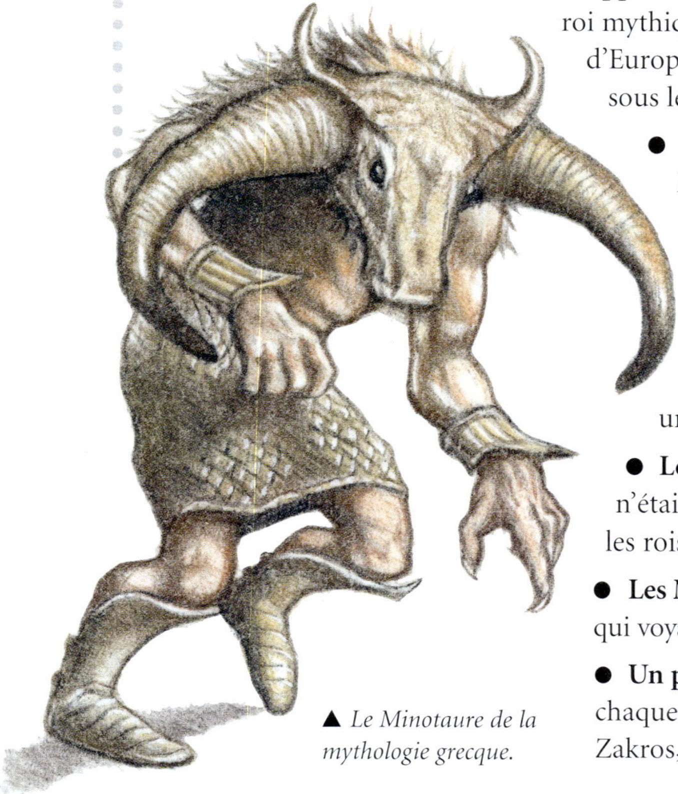

▲ *Le Minotaure de la mythologie grecque.*

- **Le plus grand palais** est celui de Cnossos. D'une superficie de 20 000 m^2, il abritait plus de 30 000 personnes.
- **Les murs de ce palais** sont décorés de fresques qui fournissent d'importantes informations sur la civilisation minoenne.

▼*Le célèbre palais minoen de Cnossos.*

Les pharaons

- **Les pharaons** étaient les rois de l'Égypte ancienne. Ils étaient aussi grands prêtres, juges suprêmes et chefs de l'armée.
- **Pour les Égyptiens**, le pharaon était à la fois le dieu Horus et le fils du dieu-soleil, Rê. À sa mort, il se transformait en dieu Osiris, père d'Horus. Puisqu'il était un dieu, il fallait s'approcher de lui en rampant.
- **Pharaon signifie « grande demeure** » en égyptien. Comme il était considéré comme un dieu, les Égyptiens, jusqu'en 945 av. J.-C., ne pouvaient pas s'adresser à lui directement.
- **Le pharaon avait cinq titres** : Horus ; les Deux Maîtresses ; Horus d'Or ; Roi de la Haute et de la Basse-Égypte et Seigneur des Deux-Terres ; et enfin fils de Rê.
- **Le statut divin du pharaon l**ui conférait des pouvoirs magiques. Son *uraeus* (le serpent de sa couronne) était censé cracher des flammes au visage de ses ennemis. Le pharaon était soi-disant capable d'en piétiner un millier.
- **L'Égypte** a compté 31 dynasties de pharaons. La première a été fondée par Ménès, en 3100 av. J.-C. La dernière a été celle des rois perses, en 323 av. J.-C. Chaque dynastie est désignée par un chiffre romain ; ainsi, par exemple, la cinquième dynastie s'écrit V^{e} dynastie.
- **Le pharaon épousait** sa sœur aînée afin de conserver la pureté du sang royal. Elle devenait reine ou Grande Épouse royale, mais le pharaon avait d'autres épouses. Si le pharaon mourait quand son fils aîné était encore enfant, la reine devenait régente et régnait en son nom.

LE SAVIEZ-VOUS ?

Les Égyptiens croyaient que le pharaon avait le pouvoir de contrôler le temps et de fertiliser les terres.

- **Les corps des pharaons** étaient déposés dans d'immenses tombeaux. Les premiers pharaons étaient enterrés dans des pyramides. Celles-ci étant souvent pillées, les sépultures royales ont alors été creusées dans des falaises.
- **Ramsès II** est l'un des plus grands pharaons. Il a régné entre 1290 et 1224 av. J.-C. Il a laissé en héritage d'immenses monuments, dont le temple d'Abou Simbel creusé dans la roche.

▼ *Les pharaons se sont fait construire de prestigieuses demeures comme celle-ci.*

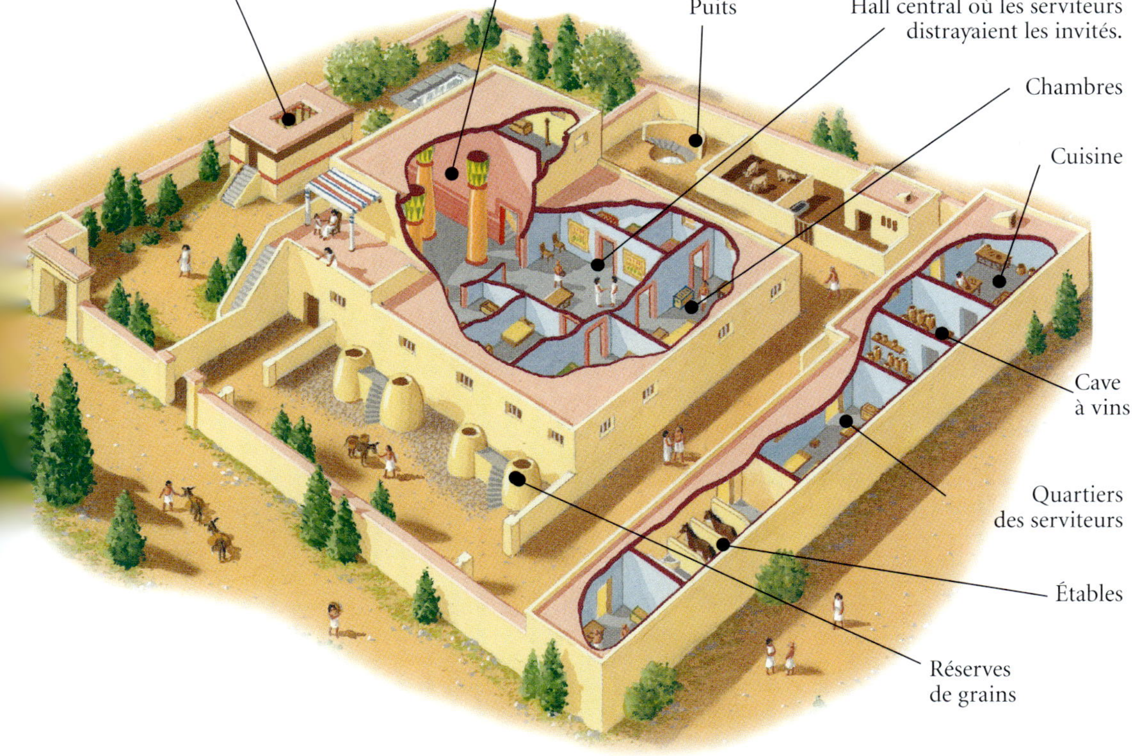

Olmèques et Chavìns

- **L'agriculture** est apparue au Mexique et en en Amérique centrale, il y a 9 000 ans, presque en même temps qu'au Moyen-Orient.
- **En 2000 av. J.-C.**, il existait des villages d'agriculteurs et des champs où poussaient du maïs, des haricots et des courges.
- **Entre 1200 et 400 av. J.-C.**, les Olmèques ont développé une société, à l'ouest du Mexique.
- **Les Olmèques** ont inventé un système numéral et un calendrier, mais pas de système d'écriture.

▲ *Les têtes olmèques sont sculptées dans d'énormes blocs de roche volcanique, qui pesaient 14 t. Personne ne sait comment ils les déplaçaient.*

- **Les ruines** d'une immense pyramide olmèque ont été trouvées à La Venta (Mexique).
- **Les Olmèques sculptaient** dans du basalte d'énormes têtes au visage de bébé. Ils avaient un formidable savoir-faire, leurs outils étaient en pierre et non en métal.
- **En 2000 av. J.-C.**, la construction de sites religieux est attestée dans l'actuel Pérou, en Amérique du Sud.
- **De 800 à 400 av. J.-C.**, la civilisation des Chavìns s'est diffusée à partir du site de Chavìn de Huantar, dans les montagnes péruviennes.

- **Teotihuacán**, première véritable cité d'Amérique précolombienne, a connu son apogée entre 100 et 700 apr. J.-C. Elle abritait des pyramides et des palais.
- **Teotihuacán** aurait été la plus grande cité du monde en 300 apr. J.-C., avec plus de 250 000 habitants.

▼ *Les ruines de Teotihuacán.*

L'Inde aryenne

- **Les Aryens** sont un peuple de bergers à peau claire, originaires de Russie. Ce sont les ancêtres des Grecs et des Indiens.
- **En 2000 av. J.-C.**, les Aryens ont sillonné la Perse et l'Inde où ils ont détruit la civilisation de l'Indus.
- **Les Aryens** étaient de grands guerriers. Ils adoraient les arts et les courses de chars. Ils ont adopté les dieux des peuples dravidiens et ont fondé des villages agricoles.

▲ *Les peuples dravidiens à la peau foncée vivaient en Inde avant l'arrivée des Aryens dont ils sont devenus les esclaves.*

- **La société des Aryens** était divisée en trois groupes, ou castes : au sommet, celle des *brahmanes* (prêtres), puis celle des *kchatriya* (guerriers) et enfin, en bas de l'échelle sociale, celle des *vaisyas* (commerçants et éleveurs).
- **Lors de leur installation en Inde**, les Aryens ont créé une quatrième classe, celle des conquis, les Dravidiens à peau foncée qui sont devenus leurs esclaves.
- **La classification des Aryens** en quatre groupes est à l'origine du système des castes qui existe aujourd'hui en Inde.
- **Les Aryens** ont introduit en Inde le sanskrit.
- **Le sanskrit ancien** est très proche des langues européennes, comme le latin, l'anglais et l'allemand.
- **Les Aryens** ne possédaient pas l'écriture. Le savoir et les traditions religieuses étaient transmis oralement de génération en génération.
- **Les *brahmanes*** n'ont rédigé que tardivement les premiers textes sacrés hindous, les *Vedas*, dont le *Rigveda*, le *Samaveda* et le *Yajurveda*.

धेनुः ग्राम्यः पशुः ।

▲ *Le sanskrit est la plus vieille langue littéraire de l'Inde, ce mot signifie « raffiné » ou « impeccable ». Il est à l'origine de nombreuses langues modernes indiennes, dont l'hindi et l'ourdou, les langues officielles du Pakistan.*

Les Sémites

- **Les peuples juifs et arabes** sont dits sémitiques.
- **En 2500 av. J.-C.**, les Sémites appartenaient à un ensemble de peuples d'agriculteurs du Proche-Orient comme les Akkadiens, les Cananéens et les Araméens, qui vivaient en Syrie, Jordanie et Israël.
- **En 2371 av. J.-C.**, un Akkadien nommé Sargon s'est emparé du trône de la cité sumérienne de Kish. Il a conquis Sumer et Akkad pour créer un grand empire.
- **L'empire akkadien** s'est effondré vers 2230 av. J.-C., sous les attaques de tribus de Goutéens venus des montagnes.
- **Entre 3000 et 1500 av. J.-C.**, la cité cananéenne de Byblos, célèbre pour ses tissus bleus, était un grand port de commerce.
- **Vers 2000 av. J.-C.**, les Amorrites ont conquis Sumer, Akkad et le pays de Canaan. En 1792 av. J.-C., Hammourabi a été proclamé roi de Babylone.
- **Les premiers Hébreux**, peuple sémite, sont originaires du sud de la Mésopotamie. Leur nom signifie « peuple de l'autre côté » (de l'Euphrate).
- **Selon la Bible**, le premier Hébreu était Abraham, un berger qui vivait à Ur en Sumer, il y a 4 000 ans. Il a d'abord guidé sa famille en Syrie, puis dans le pays de Canaan (actuelle Palestine) où il s'est installé.
- **Le petit-fils d'Abraham**, Jacob, était aussi nommé Israël, c'est ainsi que les Hébreux se sont appelés Israélites.
- **Vers 1000 av. J.-C.**, le peuple israélite a pris de l'importance sous les règnes de Saul, David et Salomon.

► *Les manuscrits de la mer Morte sont d'anciens textes hébreux trouvés par des bergers en 1947 dans une grotte près de la mer Morte. Ils contiennent les plus vieux textes de l'Ancien Testament. Ces manuscrits sont aujourd'hui conservés dans un musée en Israël.*

Les Assyriens

- **Les Assyriens** sont originaires de la haute-vallée du Tigre, des cités d'Assur, de Ninive et d'Arbèles.
- **Vers 2000 av. J.-C.**, l'Assyrie a été envahie par les Amorrites. Les rois amorrites ont fondé le premier empire assyrien. Le roi Adad-Nirari se faisait appeler le « Roi de Tout ».
- **Le premier empire assyrien** a duré six siècles, jusqu'aux attaques des chevaliers mitanniens.
- **Entre 1114 et 1076 av. J.-C.**, le roi Teglath-Phalasar Ier a rétabli l'autorité royale et fondé le second empire assyrien.

LE SAVIEZ-VOUS ?
Le palais du roi Assourbanipal (668-627 av. J.-C.) abritait de nombreux livres ainsi que des plantes du monde entier.

◀ *Les bas-reliefs témoignent du savoir-faire des Assyriens. De nombreuses pierres sculptées, comme celle-ci représentant un génie, ornaient les murs du palais.*

- **Le second empire assyrien** a atteint son apogée sous Teglath-Palasar III (744-727 av. J.-C.). Il a été renversé en 612 av. J.-C. par les Mèdes et les Babyloniens.
- **Les Assyriens** étaient des guerriers impitoyables. Ils se battaient avec des arcs, des épées en fer, des lances et des chars.
- **Les Assyriens ont construit** des routes. L'armée pouvait ainsi se déplacer rapidement et réprimer les révoltes.
- **Ils ont bâti des palais** et des cités, telles Khorsabad et Nimrud.
- **Les guerriers arabes** se battaient sur des chameaux.

▶ *Les riches Assyriens se mettaient en valeur en portant des vêtements raffinés.*

L'Océanie

- **Les peuples du Pacifique**, ou d'Océanie, auraient été les plus grands marins de l'Antiquité.
- **Il y a 5 000 ans**, le niveau de la mer était plus bas et la Tasmanie, l'Australie et la Nouvelle-Guinée faisaient partie d'un même continent.
- **Les sites anciens** sont pour la plupart perdus au fond de la mer, qui en montant a séparé la Nouvelle-Guinée de l'Australie vers 5000 av. J.-C.
- **Les aborigènes australiens** sont les descendants directs des premiers hommes qui se sont installés en Australie.
- **Les habitations** les plus anciennes de Nouvelle-Guinée ont 40 000 ans.
- **Vers 4000 av. J.-C.**, des plantes et des animaux domestiqués ont été importés d'Asie en Nouvelle-Guinée, et des hommes ont asséché des champs dans la région de Kuk Swamp.
- **Vers 2000 av. J.-C.**, des hommes sont partis d'Indonésie en canoë pour coloniser la Mélanésie et la Micronésie, îles du Pacifique ouest, telle Vanuatu.
- **Les premiers Mélanésiens** étaient réputés pour un type de poterie dite Lapita, qui provient des îles Moluques, en Indonésie.
- **Les canots à rames**, peints il y a 50 000 ans dans des grottes en Australie, figurent également dans des cavernes en Amérique du Sud, dans la jungle amazonienne, et sont très proches de ceux que l'on peut voir aujourd'hui dans tout le Pacifique.

▶ *Les peuples d'Océanie ont traversé les océans dans des canots comme ceux-ci, 10 000 ans avant les grands explorateurs européens.*

La vie après la mort

- **Les Égyptiens** envisageaient la mort comme une simple étape vers une vie meilleure dans l'au-delà.
- **Selon les Égyptiens**, l'âme défunte possédait trois composantes spirituelles : le *ka*, le *ba* et l'*akh*. Pour qu'elles s'épanouissent, il fallait que le corps reste intact, les Égyptiens essayaient donc de préserver les corps morts.
- **Progressivement**, ils ont développé des techniques d'embaumement pour conserver les corps des rois et des hommes riches qui pouvaient se les offrir.
- **Les organes du défunt** étaient retirés et conservés dans des vases (canopes), le corps était recouvert de natron (composant naturel du sel), puis on le laissait sécher.
- **Le corps**, une fois séché, était rempli de sciure de bois, de résine et de natron, puis enveloppé dans des bandelettes. Le corps embaumé est appelé momie.
- **Un masque peint** était posé sur la tête de la momie, qui était enfin placée dans un cercueil en bois.
- **Les cercueils** de forme humaine étaient utilisés dès 2000 av. J.-C. La momie était placée dans deux ou trois cercueils emboîtés, chacun sculpté et peint, rehaussé d'or et de pierres précieuses.
- **Le cercueil en bois** était mis à l'intérieur d'un cercueil de pierre, le sarcophage.

▲ *Les Égyptiens portaient des amulettes pour éloigner les mauvais esprits. Celle-ci représente l'œil du dieu égyptien tout-puissant, Horus.*

- **Au début, les prières** (textes des pyramides) étaient gravées sur les murs de la pyramide. Puis elles ont été inscrites dans le cercueil (textes du cercueil). À partir de 1500 av. J.-C., elles ont été écrites sur des papyrus *(Livre des morts)*.
- **Pour accéder à l'au-delà**, le défunt avait besoin d'amulettes et du *Livre des morts* qui contenait notamment une carte du royaume des morts.

▼ *Au moment de placer le masque sur la momie, l'embaumeur en chef portait lui aussi un masque qui représentait le dieu chacal, Anubis.*

La Perse antique

- **L'Iran** doit son nom au peuple aryen qui s'y est installé vers 15000 av. J.-C. Deux tribus aryennes, les Mèdes et les Perses, sont vite devenues dominantes.
- **En 670 av. J.-C.**, le roi Cyaxare, à la tête des Mèdes, a joint ses forces à celles des Babyloniens pour renverser les Assyriens.
- **En 550 av. J.-C.**, les Mèdes ont été renversés par les Perses. Le roi perse, Cyrus II, était le petit-fils du roi des Mèdes, Astyage.
- **Cyrus II** avait une armée de chevaliers et d'archers très habiles. En conquérant la Lydie et Babylone, il a pu établir un grand empire perse.
- **La famille des Achéménides** régna sur l'empire perse jusqu'à ce qu'il soit détruit par Alexandre le Grand, en 330 av. J.-C.
- **L'empire perse** a atteint son apogée sous Darius Ier qui se faisait appeler Shahanshah (le « roi des rois »). Il a introduit au Moyen-Orient les pièces d'or et d'argent.
- **Darius** organisa l'empire perse en le divisant en 20 *satrapies* (régions), chacun gouverné par un fonctionnaire, le *satrape*.
- **Les « oreilles du roi »** étaient le nom que l'on donnait aux hommes qui voyageaient à travers tout l'empire pour rapporter au roi des informations sur les mouvements de mécontentement.
- **Les Perses** ont construit des cités et des palais magnifiques, d'abord à Suse, puis sous le règne de Darius, à Persépolis.

▼ *Darius le Grand a régné sur la Perse de 521 à 486 av. J.-C.*

● **Les prêtres perses** étaient réputés pour leurs pouvoirs magiques, ce qui leur valait le nom de mage. Zarathoustra, un des plus célèbres, ne vénérait qu'un seul dieu, Ahura Mazda. Le diable, ennemi de ce dieu, était Angra Mainyu.

◀ *De belles sculptures ornaient les murs de Persépolis, cité où se trouvait le palais de Darius.*

Les armes de guerre

- **Les premières haches et lances en pierre** auraient été utilisées pour la chasse et le combat. Les fossiles d'une lance en bois datant d'un demi-million d'années ont été trouvés à Boxgrove (Angleterre).

- **Vers 35000 av. J.-C**. les hommes se servaient d'un bâton qui permettait de projeter des lances grâce à une encoche à son extrémité. Les chasseurs et les guerriers utilisaient ce type d'arme pour lancer leur javelots.

- **Les premiers dessins d'arc** viennent d'Afrique du Nord, ils ont entre 30 000 et 15 000 ans. Les arcs avaient une efficacité dévastatrice et étaient les principales armes des premières civilisations.

- **L'invention du bronze**, vers 3000 av. J.-C., a permis aux peuples de fabriquer des haches, des poignards et des lances.

- **Une statuette en bronze** datant de 3000 av. J.-C. a été découverte à Tell Agrab (Irak). Il s'agit de la plus ancienne représentation d'un char.

◀ *Le guerrier légendaire Alexandre le Grand, roi macédonien, était à la tête d'une immense armée qui utilisait des arbalètes pour lancer d'énormes flèches.*

- **L'empereur perse Cyrus** (559-529 av. J.-C.) mettait des faux sur les roues de ses chars pour découper les jambes des soldats ennemis et de leurs chevaux.
- **Le plus ancien casque** (vers 2500 av. J.-C.), fabriqué à partir d'un alliage d'or et d'argent appelé électrum, a été trouvé dans les tombeaux royaux d'Ur.
- **L'arbalète** a été inventée dans la colonie grecque de Syracuse, vers 400 av. J.-C.
- **Alexandre le Grand** a utilisé des arbalètes qui projetaient des lances de 5 m de long pour conquérir son empire, entre 340 et 323 av. J.-C.
- **Vers 100 apr. J.-C.**, Dionysius d'Alexandrie a inventé une arbalète à jet rapide qui lançait une douzaine de traits par minute.

▼ *Le char était une arme redoutable, car il transportait les archers et les arbalétriers sur les champs de bataille. Les Égyptiens, les Hittites et les Assyriens livraient d'immenses batailles avec des milliers de chars.*

Toutankhamon

- **Toutankhamon** a été pharaon de l'ancienne Égypte, de 1347 à 1339 av. J.-C. Il était enfant lorsqu'il est monté sur le trône d'Égypte. Il est mort à 18 ans.
- **Toutankhamon** est le dernier pharaon de la XVIIIe dynastie, qui a régné sur l'Égypte de 1567 à 1339 av. J.-C. La reine guerrière Hatshepsout et Touthmôsis III (qui a mené l'Égypte au sommet de sa gloire vers 1400 av. J.-C.) font aussi partie de cette dynastie.
- **Son beau-père**, Akhenaton, avec la reine Néfertiti, a été à l'origine d'une révolution en Égypte. Akhenaton a remplacé le culte des anciens dieux par celui d'un dieu unique. Il a fait d'Armarna la nouvelle capitale égyptienne.
- **L'épouse de Toutankhamon** était en fait sa demi-sœur, Ankhepaton. Quand le pharaon est mort (peut-être assassiné), Ankhepaton s'est retrouvée seule face à ses ennemis, Ay et le général Horemheb. Elle a demandé au roi hittite le droit d'épouser le fils de ce dernier, mais le prince hittite a été tué avant d'arriver en Égypte. Ankhepaton a alors épousé Ay qui est ainsi devenu pharaon.
- **La Vallée des Rois**, près de Louxor, est le plus grand site archéologique au monde. Il s'agit de la nécropole royale de la XVIIIe dynastie qui contient les tombes de soixante-deux pharaons et de certains hauts fonctionnaires.

▲ *Un fabuleux masque en or a été trouvé dans le cercueil de Toutankhamon, sur les restes du jeune roi. Son crâne semble avoir reçu des coups de marteau.*

LE SAVIEZ-VOUS ?
L'un des cercueils de Toutankhamon est en or massif et pèse plus d'une tonne.

- **La tombe de Toutankhamon** est la seule de la Vallée des Rois à ne pas avoir été pillée. Elle contenait 5 000 objets, dont des tablettes en or sculptées.
- **La tombe de Toutankhamon** a été découverte par l'archéologue anglais Howard Carter en 1922.
- **D'après une légende**, ceux qui pénétraient dans la tombe étaient maudits. Cette légende s'est amplifiée quand le canari de Carter s'est fait manger par un cobra, symbole du pharaon, lors de l'ouverture de la tombe.
- **Les scientifiques** ont calculé les dates du règne de Toutankhamon à partir des inscriptions retrouvées sur les jarres de vin placés dans le tombeau.

▼ *Lorsque Carter a ouvert la tombe de Toutankhamon, il est entré dans une antichambre. Il lui a fallu trois ans pour accéder à la chambre funéraire, où les énormes tombeaux renfermaient les cercueils.*

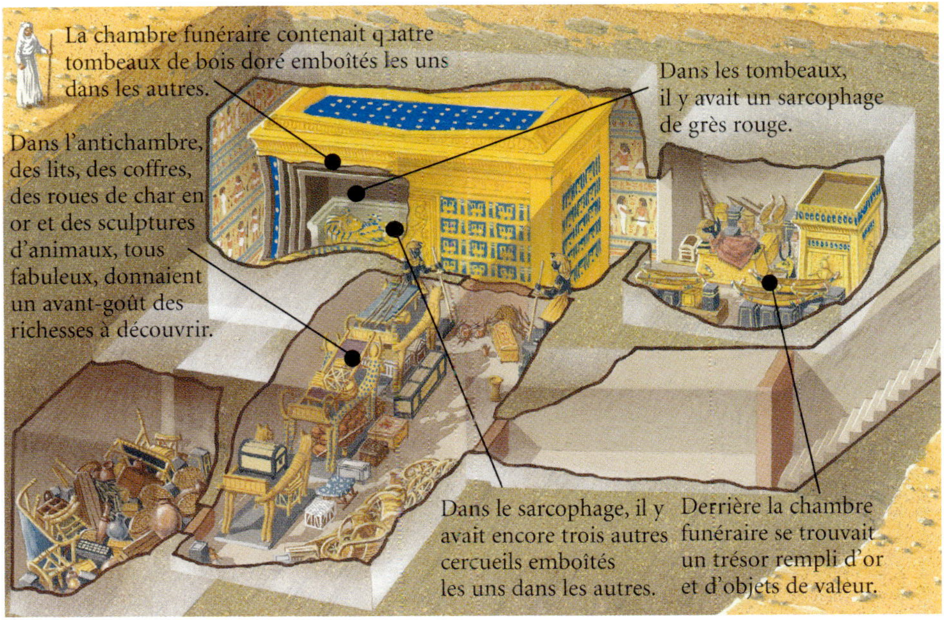

La guerre de Troie

- **De 1600 à 1100 av. J.-C.**, la Grèce continentale était dominée par un peuple guerrier, les Mycéniens.
- **Les Mycéniens** se battaient avec de longues épées en se protégeant avec de grands boucliers en cuir et des armures en bronze.
- **Les Mycéniens** habitaient dans de petits royaumes, chacun d'eux avait développé une cité fortifiée au sommet d'une colline, appelée *acropole.*
- **Un noble mycénien** ressemblait à un chef viking. Au centre de son palais, on trouvait un grand hall avec un feu au milieu, autour duquel les guerriers s'asseyaient et racontaient des exploits héroïques.
- **Après 1500 av. J.-C.**, les rois mycéniens étaient enterrés dans une tombe en forme de ruche, appelée *tholos.*
- **Le poète grec Homère** raconte dans *L'Iliade* comment la cité de Troie fut détruite par les Mycéniens, après un siège de dix ans. Jusqu'à la découverte des ruines de Troie, les historiens pensaient qu'il s'agissait d'une légende.

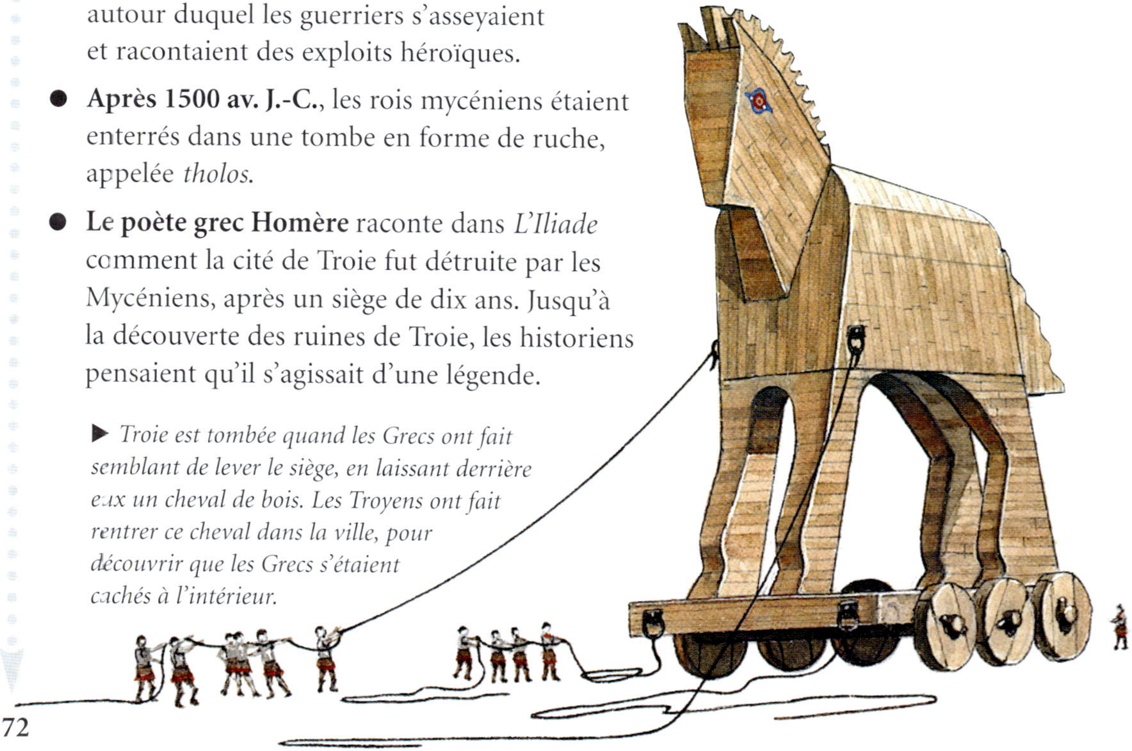

▶ *Troie est tombée quand les Grecs ont fait semblant de lever le siège, en laissant derrière eux un cheval de bois. Les Troyens ont fait rentrer ce cheval dans la ville, pour découvrir que les Grecs s'étaient cachés à l'intérieur.*

La guerre de Troie a duré dix ans. Les batailles ont fait beaucoup de victimes, malgré les armures que portaient les soldats. Achille et Hector auraient été coiffés de casques à cimier, comme ceux figurants ci-contre, afin d'être plus effrayants et impressionnants. Ils portaient également un plastron et des protège-tibias en bronze.

- **Selon Homère**, la guerre de Troie a eu lieu à cause de la belle Hélène de Sparte. Cette dernière épousa Ménélas, le frère d'Agamemnon, roi de Mycènes, mais tomba amoureuse du prince de Troie, Pâris.
- **Hélène et Pâris** se réfugièrent à Troie. Mais Agamemnon et les Grecs firent le siège de la ville pour récupérer Hélène.
- **Hector, Achille, ou encore Ulysse**, sont les héros les plus célèbres de la guerre de Troie.
- **Les Grecs** ont fini par prendre Troie par ruse. Les soldats, cachés dans un cheval en bois, ont pu entrer dans la ville.

La Grèce antique

- **Vers 1200 av. J.-C.**, les Mycéniens ont commencé à abandonner leurs cités, c'est alors que les Doriens ont envahi la Grèce.
- **De nombreux Mycéniens** ont fui dans des navires de guerre, c'est ainsi que les Égyptiens les ont surnommés « peuple des mers ». Certains ont accosté en Italie et seraient les ancêtres du peuple étrusque.
- **Avec la disparition de la civilisation mycénienne**, la connaissance de l'écriture s'est perdue et la Grèce est tombée dans « l'âge de l'ignorance ».
- **Vers 800 av. J.-C.**, les Grecs sont sortis de cet âge avec la réintroduction de l'écriture par les Phéniciens, avec lesquels ils commerçaient.
- **La période dite « archaïque »** s'étend de 800 à 500 av. J.-C.
- **Durant la période archaïque**, la Grèce a vu sa population croître rapidement. De riches aristocrates gouvernaient alors les États.

◀ *Des navires grecs de ce type transportaient de l'huile, du blé et du vin. Les marins dessinaient des yeux de chaque côté de la proue pour éloigner les mauvais esprits.*

▶ *Voilà à quoi ressemblait une maison grecque il y a 2 600 ans, avec un étage et une cour centrale.*

- **Les premiers Grecs** adoraient les exercices physiques et organisaient quatre grands jeux publics dits « panhelléniques » ouverts à tous les Grecs.
- **Les quatre jeux panhelléniques** étaient les jeux olympiques, pythiques, isthmiques et néméens.
- **Les premiers jeux Olympiques** ont eu lieu en 776 av. J.-C. Ces jeux, les plus importants du monde grec, se tenaient tous les quatre ans, à Olympie.
- **Le poète grec Homère** a écrit ses célèbres poèmes sur la guerre de Troie vers 700 av. J.-C.

Les Mayas

- **Les Mayas** étaient le peuple dominant en Amérique centrale jusqu'en 1441.
- **Ils ont construit** des pyramides surmontées d'un temple, entre 600 av. J.-C. et 250 apr. J.-C.
- **La civilisation maya** a atteint son apogée entre 250 et 900 lors de la période dite « classique ».

LE SAVIEZ-VOUS ?
Les Mayas étaient de remarquables astronomes, ils croyaient que les étoiles les reliaient à leurs dieux.

- **Pendant la période classique**, la civilisation maya rayonnait à partir de grandes cités, comme Tikal, au Guatemala. Les Mayas voyageaient énormément pour commercer, à pied ou en pirogue.

▲ *La pyramide de Chichén Itzá, dans le Yucatán.*

- **Les Mayas de la période classique** ont développé un système d'écriture astucieux, où des symboles représentent des sons ou des idées. Ils ont écrit leur histoire sur des monuments de pierre appelés *stèles*.
- **Mystérieusement, vers 800**, les Mayas ont cessé de produire ces *stèles*, puis ont abandonné les cités du Guatemala.
- **De 800 à 1200**, la plus puissante cité maya était Chichén Itzá (péninsule du Yucatán). Après 1440, la civilisation maya s'est éteinte, sans que l'on sache pourquoi.
- **Les pratiques religieuses** occupaient une grande place chez les Mayas. Cerfs, chiens, dindes et même êtres humains étaient souvent offerts en sacrifice aux dieux dans les temples en haut des pyramides.
- **Les Mayas** cultivaient surtout le maïs, des haricots et des courges. Avec le maïs, les femmes faisaient des crêpes, les tortillas et de l'alcool, appelé *balche*.

▶ *Les Mayas disposaient de calendriers complexes basés sur l'observation des étoiles.*

Confucius

- **Confucius** est le philosophe et maître à penser le plus connu de toute l'histoire de Chine.
- **Le fondateur du confucianisme** est connu en Europe sous le nom de Confucius, mais les Chinois l'appellent Kongzi, ou Kong-Fu-Tsu, ce qui signifie « maître Kong ».
- **Il est né à Lu**, l'actuelle province de Shandong, en 551 av. J.-C., le 28 septembre, d'après la tradition, et est mort en 479 av. J.-C.
- **Il maîtrisait les six arts chinois** : les rites, la musique, le tir à l'arc, la conduite de char, la calligraphie (l'écriture) et l'arithmétique.
- **Il fut le premier en Chine** à affirmer que tous les hommes devaient être éduqués pour vivre dans un monde meilleur, et que l'enseignement pouvait être un mode de vie.
- **Confucius** a été ministre du roi de Lu. Il avait une approche très morale des relations publiques, et prêchait aux hommes d'État cette règle d'or : « Ne faites pas aux autres ce que vous ne voudriez pas qu'ils vous fassent. »
- **Le roi de Lu** ne s'intéressant pas aux idées de Confucius, celui-ci a préféré s'exiler avec ses disciples.
- **Après la mort de Confucius**, des maîtres à penser, comme Mencius (390-305 av. J.-C.) et Xunzi (vers 250 av. J.-C.), ont diffusé ses idées et enseigné une nouvelle éthique sociale, qui est encore très présente dans la Chine actuelle.
- **Le philosophe Lao-tseu** aurait vécu en même temps que Confucius. Il est l'auteur du *Daodejing*, le texte sacré fondateur de la religion taoïste.
- **Le *Daodejing* définit le Dao** (la « façon »), l'unité invisible de la nature qui fait que le monde est tel qu'il est.

◀ *On sait peu de chose sur Lao-tseu, le fondateur du taoïsme. La légende dit qu'un jour, voyageant sur un bœuf, il s'arrêta à un poste-frontière. Là, il écrivit ses enseignements, avant de disparaître.*

▶ *Confucius était convaincu que les hommes de la cour du roi ne devaient pas chercher à prendre le pouvoir mais devaient étudier la musique, la poésie et l'histoire de leurs ancêtres.*

Inventions chinoises

● **Les scientifiques occidentaux** n'ont découvert que récemment à quel point la technologie chinoise ancienne était perfectionnée et en avance par rapport à celle de l'Europe.

● **Au début du XVIIe siècle**, le penseur anglais Francis Bacon a dit que trois inventions avaient changé le monde : l'imprimerie, la poudre à canon et la boussole de marine. En fait, toutes trois avaient déjà été inventées en Chine mille ans auparavant.

● **L'un des plus anciens livres imprimés** conservés est le *Sutra du Diamant*, imprimé en Chine vers 868. L'apparition de l'imprimerie en Chine date du VIIe siècle.

● **Le premier automate**, ancêtre des robots, est un chariot chinois transportant une statue. Un engrenage, relié à des roues placées sous la statue, permettait à celle-ci de tourner sur elle-même et de toujours pointer le doigt vers le sud.

▲ *Les Chinois ont mis au point les premières horloges mécaniques, en 723, soit 600 ans avant les Européens. « L'engin cosmique » de Su Sung (ci-dessus) est une horloge de 10 m construite en 1090.*

◄ *Les Chinois ont découvert la poudre à canon et ont fabriqué les premières armes, il y a 1 100 ans. Ils étaient célèbres pour leurs feux d'artifice.*

◄ *En 132, Chang Heng a fabriqué le premier détecteur sismique avec une jarre. Quand un tremblement avait lieu au loin, une boule de métal tombait de la gueule du dragon en haut de la jarre, dans celle de la grenouille.*

◄ *Ils ont inventé une boussole, appelée* sinan, *il y a plus de 2 000 ans. Une louche en pierre magnétique, appelée magnétite, tourne autour d'une plaque en bronze pour indiquer le Sud.*

- **Les Chinois** préparaient déjà des eaux-de-vie, il y a 2 000 ans, plus de 1 000 ans avant les Européens.

LE SAVIEZ-VOUS ?
La tombe de Shi Huang Di, mort en 210 av. J.-C., possédait d'énormes portes de sécurité magnétiques.

- **Les étriers** ont probablement été inventés en Chine, au IIIe siècle av. J.-C., pour permettre aux cavaliers de se soulever et de porter une armure.
- **Les Chinois** ont inventé la charrette, vers 100 av. J.-C.
- **Ils ont fabriqué** des charrues en fonte, vers 200 av. J.-C.

▲ *Le « coup de tonnerre à explosion » est une invention chinoise très dangereuse. Un système explosif utilisant de la poudre à canon lançait des obus remplis de gaz toxique.*

- **L'ancêtre du football** est un jeu chinois. Vers 200 av. J.-C., les Chinois jouaient au *t'su chu* : le jeu consistait à taper à coups de pied dans un ballon de cuir pour le faire entrer par un trou dans un filet en soie.

▲ *On pense souvent que les métiers à tisser à énergie hydraulique sont des inventions de la révolution industrielle anglaise, vers 1700. Les Chinois en construisaient déjà au moins 500 ans plus tôt, pour tisser un textile en ramie (sorte d'ortie fibreuse).*

▶ *L'acupuncture traite des maladies en enfonçant des aiguilles en des points précis du corps. Les Chinois l'utilisaient il y a 1 800 ans, mais les Européens l'auraient utilisée avant eux.*

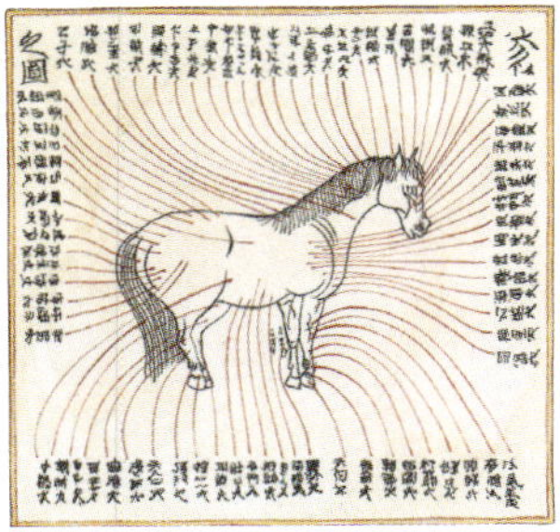

À la recherche de Troie

- **Troie** est la ville décrite par le poète grec Homère dans sa célèbre épopée, *L'Iliade*. Les historiens ont longtemps pensé qu'il s'agissait d'une cité imaginaire.
- **En 1822**, un spécialiste britannique, Charles McClaren, pensait que la ville de Troie se trouvait en Turquie, sur une colline appelée Hisarlik, près des Dardanelles.
- **L'archéologue allemand Heinrich Schliemann** a commencé la fouille du site d'Hisarlik, en 1871.
- **En 1873**, Schliemann a découvert les fortifications et les ruines d'une ancienne cité, celles de Troie, selon lui.
- **Schliemann** a aussi trouvé un trésor, d'or et d'argent, qu'il a appelé le trésor de Priam du nom du roi troyen, dans *L'Iliade*. Il l'a ramené de Turquie en Europe, clandestinement.
- **En 1876**, Schliemann a fouillé le site de Mycènes en Grèce. Il a pensé avoir trouvé la tombe d'Agamemnon, le roi des ennemis de Troie, d'après *L'Iliade*.
- **Dans les années 1890**, Wilhelm Dorpfield a démontré que la colline d'Hisarlik était constituée de neuf couches de cités en ruines, qu'il a numéroté de I à IX, en partant de la plus ancienne.
- **Pour Schliemann**, la ville dont parle Homère était Troie II, soit la deuxième couche en partant du bas de la colline. Dorpfield pensait, lui, qu'il s'agissait de Troie VI.
- **Les cinq premières cités de Troie** dateraient de l'âge du bronze (3000-1900 av. J.-C.).
- **Les scientifiques** pensent aujourd'hui que la ville d'Homère serait plutôt Troie VIIa et daterait de 1250 av. J.-C.

▲ *Quand Schliemann a découvert ce masque d'or à Mycènes en 1876, il a cru qu'il s'agissait de celui d'Agamemnon. En fait, le masque lui est de 300 ans antérieur.*

Les cités grecques

- **La Grèce ancienne** n'était pas un pays unifié mais un ensemble de cités indépendantes, dites cités-États.
- **La cité grecque** s'appelait *polis.*
- **Le mot grec *polis*** est à l'origine de plusieurs mots : politique, police ou poli.
- **Il existait plusieurs centaines de cités-États en Grèce**, dont les plus grandes étaient Athènes et Sparte.
- **Chaque *polis*** était dotée d'un temple situé sur une butte, l'*acropole*, et d'une place publique, l'*agora.*
- **Entre 800 et 600 av. J.-C.**, les cités-États étaient gouvernées par une oligarchie (poignée d'hommes puissants) ou par un tyran.
- **Les habitants de ces cités** étaient libres ou esclaves. Les hommes libres (mais pas les femmes) étaient citoyens s'ils étaient nés sur place ou *métèques* s'ils étaient originaires d'une autre cité.

- **En 508 av. J.-C.**, un célèbre législateur athénien du nom de Clisthène a donné à Athènes un nouveau régime politique, la démocratie.
- **La démocratie** vient du grec *demos* (peuple) et *kratein* (gouverner). Tous les citoyens avaient le droit de discuter et de voter à l'assemblée du peuple qui se tenait tous les dix jours sur le Pnyx, une colline de l'Athènes classique.

▼ *L'acropole la plus célèbre est celle d'Athènes, avec le temple du Parthénon.*

LE SAVIEZ-VOUS ?
Le code du législateur athénien Dracon était si sévère que l'on en a gardé l'adjectif « draconien ».

Royaumes Chu et Qin

- **En 1100 av. J.-C.**, la dynastie des Shang disparaissait au profit de celle des Chu.
- **Les Chu** ont agrandi le territoire des Shang et ont divisé le royaume en grandes principautés, chacune ayant son propre chef.

▲ *Bien qu'elle ait été refaite de pierres et de briques en 1400, la Grande Muraille de Chine a d'abord été construite en briques de terre sèche en 214 av. J.-C.*

- **À cette époque**, les Chinois utilisaient des charrues et des armes en fer, et étaient de grands inventeurs.
- **Des philosophes** comme Lao-tseu et Confucius ont marqué cette période.
- **Confucius** pensait qu'il fallait s'en tenir à la morale pour gouverner, pour le ministre et légiste Shang Yang la loi devait être respectée à tout prix même si elle n'était pas morale.
- **La famille de Shang Yang**, les Qin, a renversé les Chu en 312 av. J.-C.
- **En 246 av. J.-C.**, l'empereur des Qin, Tseng, a étendu son territoire. Il a fait construire aux frontières de son empire la Grande Muraille de Chine (4 000 km de long) afin de se protéger des incursions des nomades du nord.
- **Shi Huang Di** a interdit les livres et fait enterrer vivant 460 disciples de Confucius. Quand son fils aîné, Fu Su, a protesté, il l'a chassé.

- **À la mort de Shi Huang Di**, en 210 av. J.-C., son ministre Li Si a secrètement ramené son corps à la capitale, dans une charrette de poisson pour masquer l'odeur de pourriture. Li Si a écrit une lettre à Fu Su au nom de son père, lui demandant de se suicider. Le fils a obéi, Li Si a ainsi pu accéder au pouvoir.
- **Shi Huang Di** est enterré avec une armée de 6 000 soldats d'argile de taille humaine trouvée en 1974. Certains endroits de sa tombe seraient piégés.

▼ *La grande tombe et l'armée en terre cuite se trouvent près de Xian, dans le centre de la Chine. Dans leurs chambres souterraines, des statues à taille humaine sont disposées de façon militaire.*

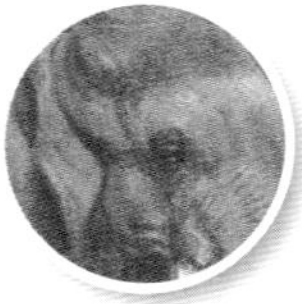

Généraux célèbres

- **En 2300 av. J.-C.**, le roi akkadien Sargon a mené ses soldats à la victoire sur des armées bien plus nombreuses, en partie grâce à des arcs très puissants.
- **Touthmôsis III** (1479-1425 av. J.-C.) a peut-être été le plus grand pharaon guerrier. Il a mené 17 campagnes et porté l'empire égyptien à son apogée.
- **Assourbanipal** (669-627 av. J.-C.), grand chef assyrien, a fondé un puissant empire qui s'étendait du Nil au Caucase.
- **Sun-Tzu**, génie militaire chinois, a écrit en 500 av. J.-C. le premier manuel sur l'art de la guerre.
- **Alexandre le Grand** (356-323 av. J.-C.), roi de Macédoine, se trouvait à la tête d'une armée de 35 000 hommes, la plus efficace jamais vue. Il a perfectionné la phalange (formation de soldats en rangs serrés) qui lui a permis d'être victorieux.
- **Hannibal** (247-182 av. J.-C.) a été le plus grand général de Carthage, près de l'actuelle Tunis.
- **Scipion** (237-183 av. J.-C.) est le général romain qui a conquis l'Espagne et a mis fin à la suprématie carthaginoise en Afrique.
- **Jules César** (100-44 av. J.-C.) a été le plus grand général romain.
- **Bélisaire** (505-565 apr. J.-C.) et Narsès (478-573) ont été généraux de l'empire byzantin sous Justinien. Leurs archers à cheval ont mis en déroute les Vandales et les Goths.
- **Charles Martel** (688-741), roi des Francs, a vaincu les Maures à Poitiers en 732 et ainsi stoppé l'avancée des Arabes en Europe.

▲ *La plus grande réussite d'Hannibal est d'avoir traversé avec son armée et un troupeau d'éléphants l'Espagne puis les Alpes, en plein hiver, afin d'attaquer Rome par le nord.*

Bouddha

- **Bouddha**, le fondateur de la religion bouddhique, a vécu en Inde, entre 563 et 483 av. J.-C.
- **Son vrai nom** était Siddhârta Gautama.
- **Bouddha** n'est pas un nom mais un surnom, qui signifie « l'Éveillé ».
- **Des fouilles archéologiques**, qui se sont achevées en 1995, révèlent qu'un homme, sans doute Siddhârta, a vécu dans le palais royal de Suddodhana, probablement son père, près de l'actuelle frontière entre le Népal et l'Inde.
- **Jeune prince**, Siddhârta a vécu dans le luxe. À 16 ans, il a épousé sa cousine, la princesse Yasodhara, qui avait le même âge.

▼ *Ces jeunes moines bouddhistes portent la traditionnelle robe safran. Ils suivent les huit étapes qui mènent à la vérité et à la sagesse.*

- **À 29 ans**, Bouddha a eu quatre visions : celle d'un vieillard, d'un malade, d'un cadavre et d'un saint homme errant.
- **Les trois premières visions** ont indiqué à Siddhârta que la vieillesse, la maladie et la mort font partie de la vie. La quatrième lui a fait comprendre qu'il devait quitter sa femme et devenir un saint.
- **Après six ans d'errance** en Inde, à la quête de la vérité, il s'est assis sous un arbre pour réfléchir ; au terme de plusieurs heures de réflexion, il lui est venu l'« Éveil », c'est-à-dire une grande sagesse.
- **Bouddha** a passé le reste de sa vie à prêcher en Inde.
- **Il est mort à 80 ans**. Ses os sont maintenant des reliques sacrées.

▶ *La plupart des statues de Bouddha le montrent assis en tailleur, en pleine méditation.*

Les philosophes grecs

▲ *Euclide, grand mathématicien grec et auteur d'un ouvrage en 13 volumes enseignait en Égypte, à Alexandrie, vers 300 av. J.-C.*

- **Les grands philosophes** cherchaient la vérité et la sagesse. Philosophe signifie « ami de la sagesse ».
- **Socrate** (466-399 av. J.-C.) pensait que les hommes pouvaient se conduire correctement s'ils savaient où était le bien. Il les encourageait donc à réfléchir sur la vérité, le bien et le mal.
- **Platon** (427-348 av. J.-C.) affirmait que, derrière le chaos apparent de la réalité, il existe une idée ou une forme de perfection et de beauté.
- **Aristote** (384-322 av. J.-C.) pensait que pour accéder à la connaissance du vrai, il faut trouver « la cause finale », la véritable raison des choses qui arrivent.
- **Aristote** a été le premier grand scientifique. Il insistait sur le fait qu'il fallait rassembler les informations, les trier et les interpréter pour accéder à la vérité.

- **La pensée philosophique** occidentale a durablement été marquée par les théories des philosophes grecs tels Socrate, Platon, Aristote, ou encore Épicure et Diogène.
- **Des mathématiciens grecs** comme Euclide, Apollonios de Perga, Pythagore et Archimède ont défini les bases des mathématiques. La géométrie enseignée à l'école dépend encore beaucoup du système d'Euclide, dit euclidien.
- **Des astronomes** tels qu'Aristarque de Samos et Anaxagore ont fait de brillantes découvertes. Aristarque s'est rendu compte, 2 000 ans avant que cette idée soit acceptée par tous, que la Terre tournait sur elle-même autour du Soleil.

▲ *Aristote, le brillant professeur d'Alexandre le Grand, a fait autorité dans toutes les matières pendant plus de 2 000 ans.*

LE SAVIEZ-VOUS ?
Archimède a « traduit » les effets d'un levier en formule mathématique.

Homère

- **Homère** est le poète grec qui aurait écrit les deux plus grandes épopées de l'Antiquité : *L'Iliade* et *L'Odyssée.*
- **Homère** aurait vécu au IXe siècle av. J.-C. en Ionie, sur la côte égéenne de l'actuelle Turquie, ou bien sur l'île de Chios.
- **Personne** ne sait si Homère a vraiment existé, ou encore s'il a véritablement écrit les deux épopées en entier.
- **À l'époque d'Homère**, les bardes étaient très nombreux. Ces poètes récitaient à voix haute des exploits héroïques de leur composition. Ils connaissaient par cœur leurs histoires et ne les ont jamais écrites.
- ***L'Iliade* et *L'Odyssée*** sont les seuls poèmes, écrits à peu près à cette époque, qui nous sont parvenus.
- **Après la mort d'Homère**, ces deux épopées ont fait partie des fêtes religieuses en Grèce.
- **Pendant des siècles**, les enfants grecs ont appris la lecture et les légendes de leur histoire, en étudiant l'œuvre d'Homère.
- **Au IIe siècle av. J.-C.**, de grands savants de la bibliothèque d'Alexandrie en Égypte ont étudié *L'Iliade* et *L'Odyssée.* Certains ont conclu que leur style est si différent qu'elles n'ont pas pu être écrites par le même auteur.

▲ *Rien n'a jamais été avéré mais la légende dit que Homère était aveugle.*

- ***L'Iliade*** décrit dans un style noble la guerre de Troie et le siège de la ville par les Grecs.
- ***L'Odyssée*** narre les aventures d'Ulysse, lors de son voyage de retour après la guerre de Troie.

▶ L'Odyssée *raconte les aventures d'Ulysse qui voyagea pendant dix ans après la guerre de Troie, avant de rejoindre sa terre natale. Dans une scène tragique, le vieux chien fidèle d'Ulysse, Argus, meurt au moment où son maître rentre enfin chez lui.*

Les Amérindiens

- **L'Amérique** a été le dernier continent colonisé par les hommes.
- **Les premiers hommes** auraient été des aborigènes venus d'Australie par bateau, il y a 50 000 ans.
- **Les ancêtres des indigènes** qui vivent aujourd'hui en Amérique sont venus d'Asie il y a 35 000 ou 20 000 ans. Ils auraient traversé l'actuel détroit de Béring, bande de terre qui reliait, à l'époque, l'Asie à l'Amérique du Nord.
- **En 6000 av. J.-C.**, la présence des hommes est attestée de l'Alaska jusqu'en Amérique du Sud.
- **On a la preuve** que des hommes vivaient au Mexique, il y a plus de 20 000 ans. À El Jobo en Colombie, on a trouvé des pendentifs datant de 14920 av. J.-C.

▲ *Les mammouths laineux sont originaires d'Afrique et cousins des éléphants. Les indigènes les chassaient pour leur peau et leur chair.*

- **Dans les grandes plaines** d'Amérique du Nord, il y a 10 000 ans, des groupes d'Indiens chassaient des chameaux ou des mammouths. Dans les montagnes de l'Ouest, les peuples du désert cultivaient des graminées sauvages.

- **Au Mexique**, les hommes ont commencé à cultiver des courges, des poivrons et des haricots, il y a au moins 8 500 ans.
- **Le maïs** a d'abord été cultivé au Mexique, il y a 7 000 ans environ.
- **Les premiers Amérindiens**, comme les Olmèques, cultivaient du maïs, des haricots et des courges.

LE SAVIEZ-VOUS ?
Un crâne, datant de 50 000 ans, similaire à celui des aborigènes d'Australie, a été découvert en Colombie.

▲ *Courge se dit en indien « kutasquash » qui signifie « cru ». Cette courge, appelée citrouille, se cultive encore aujourd'hui.*

▼ *Des canards en bois sculptés servent d'appeau depuis des milliers d'années, c'est une tradition nord-américaine.*

L'art grec

▲ *La Vénus de Milo a été mise au jour sur l'île de Milo, dans la mer Égée, en 1820. Elle a été sculptée à Antioche, vers 150 av. J.-C. Cette statue figure la déesse de l'Amour, Aphrodite, ou Vénus chez les Romains. On n'a pas retrouvé ses bras…*

- **En Grèce antique**, des milliers de sculpteurs, d'architectes, de peintres, de dramaturges et de poètes ont créé des œuvres d'une formidable richesse artistique.
- **Les Grecs** décoraient leurs temples et leurs maisons de statues et de frises. Ils sculptaient des statues en marbre et en calcaire qu'ils peignaient ensuite. Cette peinture n'a malheureusement pas traversé les années.
- **Les plus grands sculpteurs** sont Phidias (490-420 av. J.-C.), Praxitèle (vers 300 av. J.-C.), Lysippe (380-306 av. J.-C.) et Myron (500-440 av. J.-C.). En or et en ivoire, la statue du dieu Zeus réalisée par Phidias était réputée dans tout le monde connu à l'époque.
- **Des architectes**, tels que Ictinos et Callicratès, ont construit des temples à colonnades en marbre et en calcaire. Le Parthénon d'Athènes est le plus connu.
- **Il existait trois styles** de colonnes grecques : dorique (simple), ionique (mince et surmontée de spirales) et corinthienne (ornée et surmontée de feuilles d'acanthe).
- **Le style de ces temples** créés par les Grecs est dit « classique ». Il a depuis influencé les architectes.
- **Les Grecs** croyaient que chaque art était inspiré par une des neuf déesses appelées Muses.
- **Les poètes** Homère, Sappho et Pindare comptent parmi les plus grands écrivains de la Grèce antique. Ils ont inventé divers styles d'écriture et de récit, dont l'épopée, long poème qui célèbre un héros ou des hauts faits.

- **La tragédie** est une pièce de théâtre qui se termine mal pour le héros. Elle a été créée par des dramaturges grecs comme Eschyle, Euripide ou Sophocle, l'auteur d'Œdipe-Roi.

LE SAVIEZ-VOUS ?
Le Colosse de Rhodes était une immense statue en bronze de 37 m de haut, sculptée par le Grec Charès. Elle se tenait à l'entrée du port de Rhodes, une île de la mer Égée.

Un théâtre comme celui de Dionysos pouvait accueillir 14 000 personnes dans ses gradins.

Un « chœur » d'acteurs chantait entre les scènes.

Le chœur se trouvait au centre, appelé *orchestre*.

Les pièces étaient jouées par deux ou trois acteurs masqués.

Derrière l'*orchestre*, les acteurs se changeaient dans une maison appelée *scène*.

Le public prenait des coussins pour s'asseoir et un en-cas pour les longues représentations.

▶ *Le théâtre s'est véritablement développé en Grèce aux* V^e^ *et* VIe *siècles av. J.-C. Un public nombreux regardait les pièces qui se jouaient dans des arènes en plein air.*

Plus tard, dans les théâtres grecs, la *scène* s'est agrandie sur les côtés avec les *parascènes*.

L'alimentation

- **Il y a 1,5 million d'années**, les hommes cuisaient déjà leur nourriture. La plus ancienne trace d'un feu a été découverte à Swartkrans, en Afrique du Sud.
- **Les premiers fours** étaient des trous où l'on mettait des charbons ardents. Des fours plus élaborés ont été retrouvés à Sumer et en Égypte, en 2600 av. J.-C.
- **Les hommes préhistoriques** préparaient une bouillie avec des graines de céréales cuites et mélangées avec de l'eau. Il y a 20 000 ans, ils ont appris à cuire cette bouillie sur une pierre chaude et ont obtenu un pain plat.
- **Le développement de la poterie** a permis de faire bouillir des liquides et ainsi de préparer des ragoûts. Les plus vieilles marmites ont 13 000 ans et viennent d'Odai-Yamamoto, au Japon.

◄ *Les Romains déjeunaient dans des restaurants bon marché appelés* popinae. *Ils consommaient du pain, du fromage, des fruits et de la viande. Seuls les riches pouvaient employer un cuisinier pour faire leurs repas.*

- **Il y a environ 12 000 ans**, les hommes ont trouvé la technique pour conserver les aliments. Grâce à la fermentation, ils ont pu fabriquer du fromage avec du lait et du vin avec du raisin.
- **Vers 8000 av. J.-C.**, ils ont domestiqué des animaux et cultivé des plantes, surtout des céréales. Leur alimentation était moins variée que lorsqu'ils pratiquaient la cueillette, mais l'approvisionnement était plus fiable.
- **Vers 4000 av. J.-C.**, des paysans de Palestine cultivaient des oliviers et produisaient de l'huile d'olive.
- **Vers 2600 av. J.-C.**, les Égyptiens ont découvert qu'en laissant de la bouillie fermenter, ils obtenaient du levain. En le faisant chauffer dans des fours, ils ont obtenu les premiers pains au levain.
- **Les Égyptiens** fabriquaient du miel pour sucrer leurs aliments.
- **Le plus ancien « livre »** de cuisine est une tablette de pierre assyrienne de 1700 av. J.-C. Elle contient 25 recettes, dont celle d'un oiseau cuit avec des oignons, de l'ail, du lait et des épices.

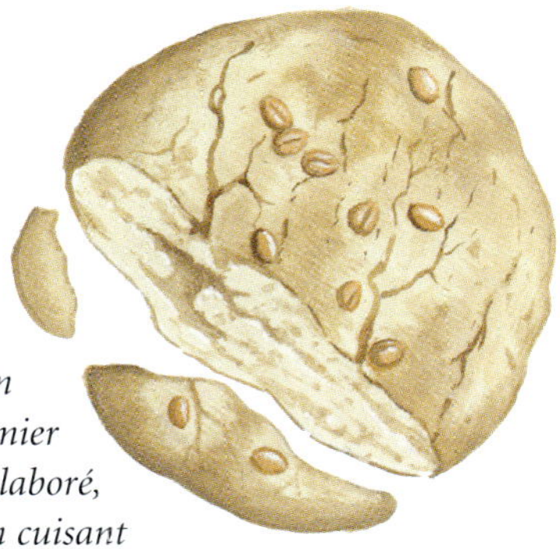

▶ *Le pain est le premier aliment élaboré, obtenu en cuisant des céréales mélangées à de l'eau.*

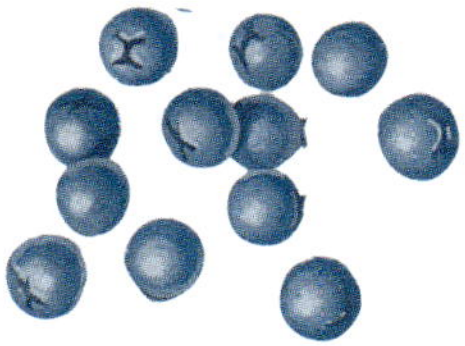

▶ *Les premiers hommes se nourrissaient grâce à la pêche et à la cueillette (baies).*

Les Phéniciens

- **Vers 3000 av. J.-C.**, les peuples sémites, parmi lesquels les Cananéens, se sont installés sur la côte méditerranéenne et ont fondé la cité de Byblos.
- **À partir de 1100 av. J.-C.**, ces peuples ont pris le nom de Phéniciens.
- **Le mot « phénicien »** vient du nom grec *phoinix* qui signifie « rouge » et ferait référence à la fabrication de la teinture pourpre qui a rendu célèbre ces peuples.
- **Les Phéniciens** étaient d'excellents navigateurs et de grands commerçants. Les ports de Tyr et Sidon grouillaient de bateaux pleins de marchandises.
- **Les Phéniciens** fabriquaient des tissus avec de la laine de Mésopotamie et du lin d'Égypte. Ils réalisaient aussi des bijoux en pierres précieuses, en ivoire et en métal.
- **Ils ont inventé** l'alphabet. Les mots phéniciens *aleph* (bœuf) et *beth* (maison) sont devenus les lettres grecques *alpha* et *bêta*. Le mot « bible » et le préfixe *bibli-* (livres) viennent de la cité de Byblos.
- **La teinture** qui fit la gloire des Phéniciens est extraite de la coquille d'un mollusque, le *Murex*.
- **Vers 600 av. J.-C.**, les phéniciens ont fait le tour de l'Afrique en partant de la mer Rouge.

- **Les Phéniciens** ont fondé des colonies autour de la Méditerranée, comme à Gades (actuelle Cadix, en Espagne).
- **La plus grande colonie** était Carthage, fondée sur le golfe de Tunis.

◀ *Les Phéniciens étaient les maîtres des mers. Les bateaux marchands phéniciens s'appelaient* gaulos. *De nombreuses galères à rames, comme celle-ci, défendaient les ports des attaques.*

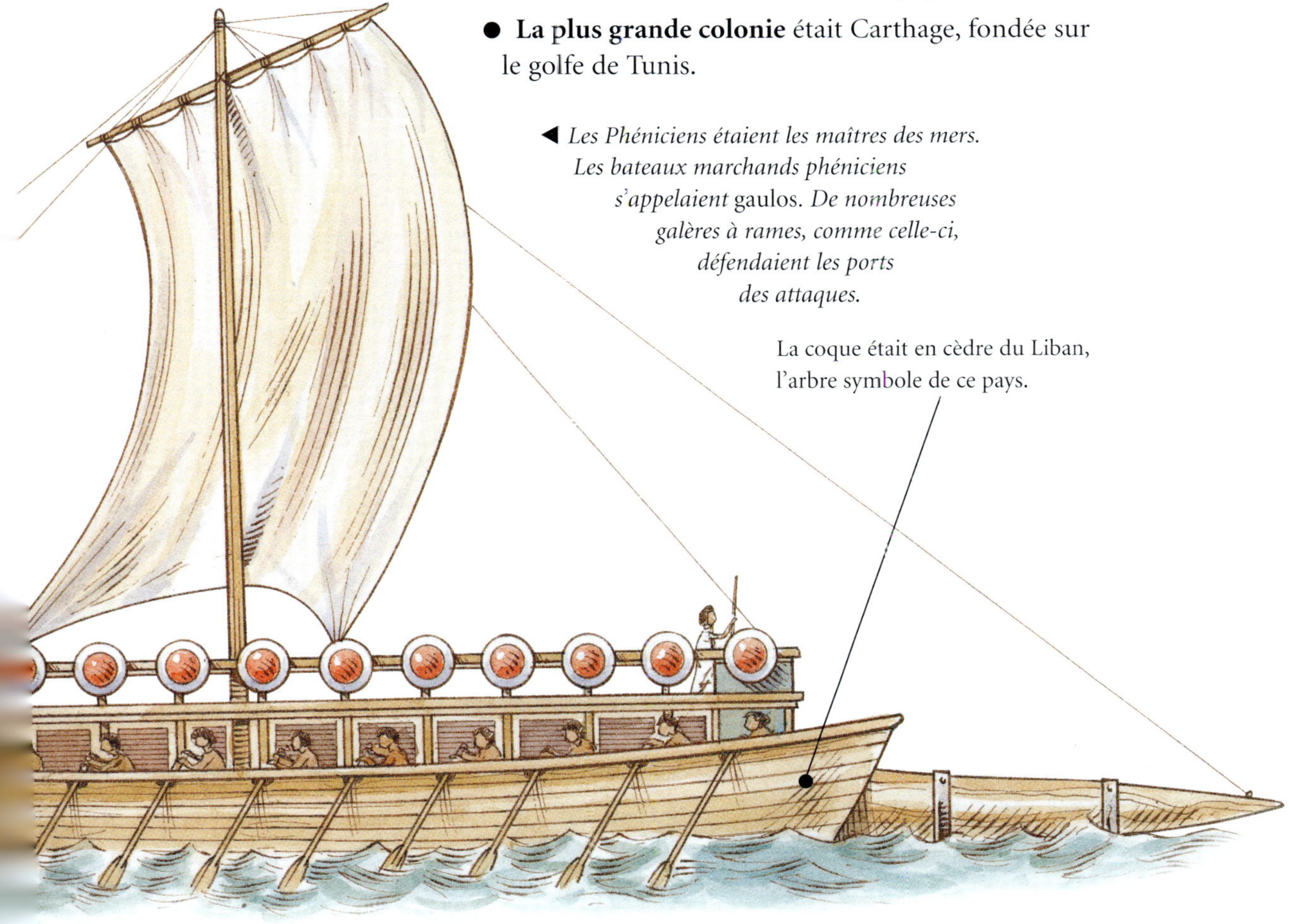

La coque était en cèdre du Liban, l'arbre symbole de ce pays.

Les Polynésiens

- **Les Polynésiens** vivent sur les nombreuses îles au milieu du Pacifique, dont Hawaï, l'île de Pâques et la Nouvelle-Zélande.

LE SAVIEZ-VOUS ?
Les plus grandes statues de l'île de Pâques, les *moai*, mesurent 12 m de haut et pèsent 90 t.

- **Il existe** 10 000 îles en Polynésie et dans le Pacifique est, ainsi que des centaines de cultures et de langues différentes.
- **Des hommes** venus d'Asie du Sud-Est se seraient installés sur les îles polynésiennes, il y a 40 000 ans.
- **Il y a 2 000 ans**, lors d'une deuxième vague de migration, des hommes venus des îles Fidji, Samoa et Tonga se sont implantés sur les îles Marquises.

◄ *Les pirogues à balancier sont les bateaux traditionnels des Polynésiens. Ils sont équipés de bâtons fixés sur les côtés pour plus de stabilité. Ces pirogues sont idéales dans les eaux peu profondes et donc pour la vie insulaire.*

- **Les Polynésiens** traversaient l'océan dans de petites embarcations appelées pirogues à balancier.
- **Elles servaient** à transporter leurs récoltes (noix de coco, patates douces...) et leurs animaux (cochons et poules).
- **Chaque île** a développé son style de sculpture sur bois.
- **Vers 400**, les Polynésiens se sont installés à Hawaï et sur l'île de Pâques.
- **Les habitants** de l'île de Pâques ont sculpté de mystérieuses statues *(moai)* avec de simples outils en pierre.

▼ *Il existe sur l'île de Pâques près de 600 statues en pierre posées sur un socle* (ahus). *Personne ne sait à quoi elles servaient.*

Mythologie grecque

- **Il existe des milliers** de mythes grecs. Ils narrent les histoires des dieux et des héros légendaires.
- **On connaît ces mythes** grâce aux épopées d'Homère et au livre d'Hésiode, *La Théogonie*, tous deux datés du VIIe siècle av. J.-C.
- ***La Théogonie*** raconte la création de la Terre et du monde ; la déesse Gaia sortit du chaos et donna naissance à Uranus, le roi du ciel.
- **Les nombreux enfants** de Gaia et d'Uranus étaient connus sous le nom de Titans, leur chef était Kronos.
- **Kronos** a épousé sa sœur, Rhéa. Leurs enfants se sont rebellés contre les Titans devenant ainsi les nouveaux dieux.
- **Ces dieux** vivaient sur le mont Olympe. Les plus connus sont Apollon, dieu de la Lumière, Déméter, déesse de la Fertilité, Artémis, déesse de la Lune, et Dionysos, le dieu du Vin.

◄▲ *De nombreux dieux grecs ont été adoptés par les Romains. Le messager ailé, Hermès (ci-dessus) est devenu Mercure et Aphrodite, déesse de l'Amour, Vénus.*

- **Les héros grecs** sont pour la plupart ceux qui ont accompli de hauts faits durant la guerre de Troie.
- **Jason** a été un des premiers héros. Il est parti à la recherche de la Toison d'Or accompagné des Argonautes. Thésée, lui, est le héros qui a tué le Minotaure en Crète.
- **Achille et Ulysse** sont des héros de la guerre de Troie.
- **Le héros le plus puissant** est Héraclès. Les Romains l'ont rebaptisé Hercule.

▶ *Zeus était le roi des dieux grecs. Du mont Olympe, il était à la tête des douze dieux olympiens. Il était le dieu du Temps et du Ciel, associé aux éclairs et au tonnerre. Chez les Romains, il s'appelait Jupiter.*

Alexandre le Grand

- **Alexandre le Grand**, célèbre roi de Macédoine, était un des plus grands militaires de l'Antiquité. Il a fondé un empire qui s'étendait de la Grèce à l'Inde.
- **Il est né en 356 av. J.-C.** à Pella, capitale de la Macédoine. Son père, le roi Philippe II de Macédoine, était un guerrier acharné qui a conquis la Grèce. Sa mère, la fougueuse Olympia, lui disait qu'il était le descendant d'Achille.

Alexandre le Grand

- **Enfant**, Alexandre avait pour professeur le célèbre philosophe Aristote. Il aurait dompté Bucéphale – cheval que personne n'avait réussi à monter – qui l'a emmené jusqu'en Inde.
- **Roi à 20 ans**, après l'assassinat de son père, Alexandre a immédiatement écrasé les rébellions de cités grecques.
- **En 334 av. J.-C.**, il a traversé avec son armée l'isthme entre l'Europe et l'Asie. Il a conquis l'empire perse en un an.
- **En 331 av. J.-C.**, Alexandre a mené son armée jusqu'en Égypte où il est devenu pharaon et a fondé Alexandrie. Il a voyagé dans le désert jusqu'à l'oasis de Siwa. Un oracle l'aurait proclamé fils de Zeus.

◄ *La clé du succès des Macédoniens était la phalange, une formation dans laquelle les soldats se serraient en rangs en pointant leur lance en avant. Ils pouvaient ainsi résister à une attaque de cavaliers.*

- **En 327 av. J.-C.**, il a épousé Roxane, une princesse perse.
- **Après avoir pris Babylone** et battu les armées de Darius III, Alexandre est parti à la conquête de l'Inde. Déprimées, ses troupes lui ont finalement demandé de rentrer à Babylone.
- **En 325 av. J.-C.**, Alexandre a fait construire des navires pour transporter son armée sur l'Indus et la ramener à Babylone. Mais il est tombé malade et est mort deux ans après.

LE SAVIEZ-VOUS ?
Un oracle avait prédit L'Asie à celui qui réussirait à défaire le nœud compliqué de la ville de Gordion. Alexandre, en arrivant à Gordion, a tranché d'un coup d'épée le nœud.

▶ *En neuf années de campagne, Alexandre a su fonder un immense empire. Personne ne sait exactement quels étaient ses projets. Pourtant, Attaché aux enseignements de son précepteur Aristote, il envisageait un monde où les différents peuples vivraient ensemble en harmonie.*

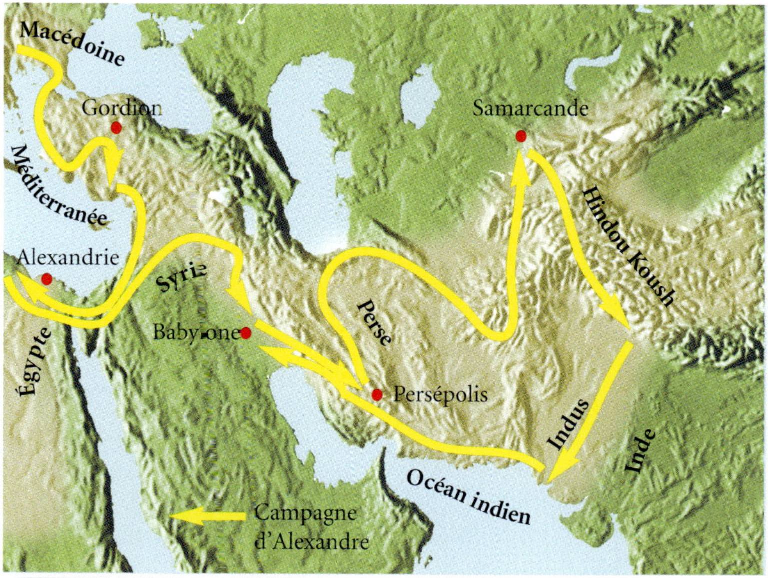

La fondation de Rome

- **L'Italie était habitée** bien avant la fondation de Rome. Le peuple étrusque a développé une civilisation au nord-ouest de l'Italie, entre 800 et 400 av. J.-C.
- **D'après la légende**, Rome a été fondée en 753 av. J.-C. par les jumeaux Romulus et Remus, qui avaient été élevés par une louve.
- **En 550 av. J.-C.**, Rome était une grande cité dirigée par des rois étrusques.
- **En 509 av. J.-C.**, les Romains ont chassé ces rois pour constituer une république indépendante.

▲ *Les sénateurs appartenaient à des familles importantes de la ville et servaient la République romaine en tant que juges ou officiers d'État.*

▲ *Les premières lois du système judiciaire romain sont inscrites dans* Les Douze Tables *(450 av. J.-C.). Ce système est, encore aujourd'hui, la base de nombreux codes de lois.*

▶ *La légende raconte qu'après avoir fondé Rome, Romulus tua son frère à la suite d'une dispute.*

- **La République romaine** était dirigée par le Sénat, une assemblée de cent patriciens (nobles).
- **Au début de la République**, le pouvoir était entre les mains des patriciens (aristocrates) ; les plébéiens (les autres citoyens) avaient peu de droit et les esclaves aucun.
- **En 287 av. J.-C.**, les plébéiens ont obtenu le droit d'être consuls et d'accéder ainsi aux plus hautes magistratures.
- **Aux ve et ive siècles av. J.-C.**, Rome a étendu son pouvoir à toute l'Italie, par la force armée ou par le jeu des alliances.
- **En 264 av. J.-C.**, Rome rivalisait avec Carthage, cité nord-africaine qui dominait l'ouest de la Méditerranée. En 164 av. J.-C., Rome a complètement détruit Carthage à la suite des guerres puniques.
- **En 130 av. J.-C.**, Rome régnait sur un puissant empire qui allait de l'Espagne à la Turquie en passant par la côte nord-africaine.

Cléopâtre

- **Cléopâtre** (69-30 av. J.-C.) est la dernière reine d'Égypte. Elle est la descendante de Ptolémée, général d'Alexandre le Grand, devenu roi à la mort de celui-ci.
- **Cléopâtre** était, paraît-il, très belle. Elle était aussi intelligente et très décidée.
- **Elle est devenue reine** à la mort de son père en 51 av. J.-C. Son frère Ptolémée XIII, alors âgé de 10 ans, est devenu roi.
- **Les tuteurs de Ptolémée XIII** se sont emparés du pouvoir et ont chassé Cléopâtre. Elle a repris le pouvoir grâce aux armées romaines de Jules César.
- **La légende raconte** que Cléopâtre s'est offerte à César, enroulée dans un tapis. En tout cas César est tombé amoureux d'elle et ils ont eu un fils, Césarion.
- **Cléopâtre** s'est installée à Rome avec son enfant chez César jusqu'à l'assassinat de celui-ci, en 44 av. J.-C.
- **Le général romain Antoine** est venu soutenir Cléopâtre et a tenté de s'emparer du pouvoir à Rome. Il est lui aussi tombé amoureux de la reine égyptienne. Ils se sont mariés et ont eu trois enfants.
- **Antoine** a épousé Octavie, la sœur d'Octave, par intérêt politique mais il est très vite revenu vers Cléopâtre.

▲ *Octave disait de Cléopâtre qu'elle était une cruelle tentatrice. Son peuple en Égypte la considérait comme une grande reine et l'adorait.*

- **Antoine et Cléopâtre** étaient ambitieux et se sont battus pour conquérir la partie orientale de l'Empire romain. En 31 av. J.-C., les soldats d'Octave (connu plus tard sous le nom d'Auguste) ont vaincu leurs armées à la bataille d'Actium, au large de la Grèce.
- **Après la défaite d'Actium**, Cléopâtre a fait courir le bruit qu'elle était morte. Désespéré, Antoine s'est poignardé. Cléopâtre a ensuite tenté, sans résultat, de faire la paix avec Octave. Elle s'est alors suicidée en plaçant une vipère contre sa poitrine.

▶ *On parle beaucoup de l'histoire d'amour entre Antoine et Cléopâtre, mais leur alliance était aussi politique.*

La grandeur de Rome

- **Alors que l'Empire romain** s'étendait, le développement des domaines agricoles, sur lesquels les esclaves travaillaient, a mené à la fin de la petite paysannerie.
- **Beaucoup de petits paysans** se sont engagés dans l'armée pour échapper à la pauvreté et sont devenus plus fidèles à leurs généraux qu'au sénat.
- **Deux généraux populaires**, Pompée et Jules César, ont utilisé leurs armées pour s'emparer du pouvoir et mettre fin au régime républicain.
- **César et Pompée** se sont disputé le pouvoir. Après de nombreuses batailles à travers tout l'Empire, César a pris le dessus.
- **Une fois au pouvoir**, César a rétabli l'ordre et a fait voter des lois pour réduire l'endettement des plus pauvres.

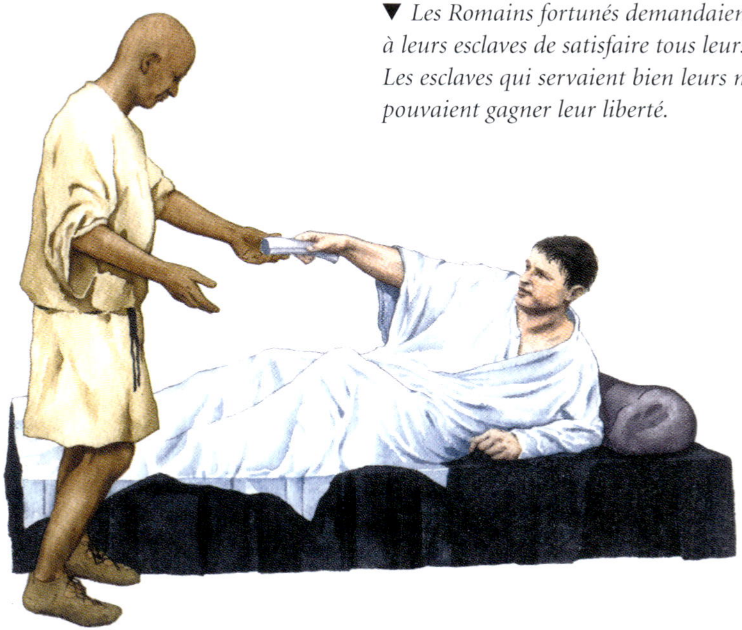

▼ *Les Romains fortunés demandaient à leurs esclaves de satisfaire tous leurs caprices. Les esclaves qui servaient bien leurs maîtres pouvaient gagner leur liberté.*

- **César** a été proclamé dictateur et a gouverné sans le sénat.
- **En 44 av. J.-C.**, Brutus a assassiné César afin de rétablir la République romaine. Mais le général Octave, fils adoptif de César, s'empara du pouvoir.
- **En 27 av. J.-C.**, Octave s'est proclamé empereur romain sous le nom d'Auguste.
- **Sous Auguste**, les populations rebelles d'Espagne et des Alpes ont été domptées et l'Empire romain s'est étendu jusqu'aux rives du Rhin et du Danube.
- **Au Ier siècle apr. J.-C.**, les révoltes ont pris fin, Rome se trouvait alors à la tête d'un immense empire stable et prospère.

▲ *De nombreux Romains vivaient dans de confortables maisons* (domi), *avec des bassins d'eau chaude et un système de chauffage souterrain.*

Jésus-Christ

- **Jésus-Christ** est le fondateur du christianisme, l'une des plus importantes religions du monde.
- **On ne connaît** la vie de Jésus qu'à travers les Évangiles selon saint Matthieu, saint Marc, saint Luc et saint Jean.
- **Des écrivains romains**, tel Pline l'Ancien, ont néanmoins mentionné son nom.
- **Jésus** est né à Bethléem, en Palestine, entre 4 et 1 avant notre ère.

▼ *Le lieu de naissance de Jésus, aujourd'hui dans l'église de la Nativité, se trouve au cœur de Bethléem. Une étoile d'argent indique l'endroit exact où il est né.*

- **La Bible raconte** comment Marie, sa mère d'origine modeste, est tombée miraculeusement enceinte, alors qu'elle était vierge. Jésus est le fils unique de Dieu.
- **Sur son enfance**, on sait peu de chose. Jésus a surtout été connu après avoir été baptisé par Jean-Baptiste : il avait alors 30 ans.
- **La mission de Jésus** était d'annoncer la venue du Royaume de Dieu. Parmi ses disciples, il a choisi douze apôtres pour l'aider à répandre la « Bonne Nouvelle ».
- **Jésus** aurait accompli de nombreux miracles pour prouver qu'il était le fils de Dieu.
- **De nombreux juifs** pensaient que Jésus n'était pas le Messie mais un fauteur de troubles, surtout après son entrée triomphale à Jérusalem. Ponce Pilate, le gouverneur romain de Judée, l'a fait condamner à mort, par crucifixion.

LE SAVIEZ-VOUS ?

Après sa mort, Jésus aurait ressuscité, c'est-à-dire serait revenu à la vie.

▶ *Le mot « christ » est en fait un titre. Il vient du grec Kristos qui signifie « béni par l'onction ».*

La dynastie des Han

- **Liu Bang** était un villageois pauvre qui a accédé au pouvoir après la chute de l'empire Qin. En 210 av. J.-C., Liu Bang est devenu le roi du royaume de Han.
- **En 206 av. J.-C.**, Liu Bang a mené son armée vers Xianyang, la capitale de l'empire Qin. Il a pillé la tombe de l'empereur Shi Huang Di puis a mis le feu à la ville et à la bibliothèque qui renfermait les livres censurés par celui-ci.
- **En 202 av. J.-C.**, Liu Bang s'est proclamé premier empereur Han et a pris le nom de Gaozu.
- **Sous les Han**, la Chine est devenue un empire aussi vaste et puissant que celui de Rome. L'art et la science prospéraient. Les Chinois disent encore parfois s'appeler les Han.
- **C'est avec Wudi** (141-87 av. J.-C.) que la Chine des Han a atteint son apogée.
- **Les cités** étaient prospères, très peuplées et magnifiques. Les artisans y fabriquaient des objets raffinés en bois peint et en soie. Malheureusement, beaucoup de ces objets ont été détruits à la fin du règne des Han.
- **La soie**, le jade et les chevaux s'échangeaient le long de la Route de la Soie qui faisait le tour de l'Asie jusqu'aux frontières de l'Empire romain.
- **Les empereurs Han** ont repris les enseignements de Confucius. Les fonctionnaires sont devenus plus cultivés et les premiers examens pour entrer dans la fonction publique ont eu lieu en 165 av. J.-C.
- **Vers 50 apr. J.-C.**, des missionnaires bouddhistes sont arrivés en Chine.
- **Vers 200 apr. J.-C.**, le pouvoir des empereurs Han a été affaibli par les ambitions de leurs femmes et de leurs eunuques (gardes). Les révoltes des Turbans jaunes, ainsi que des attaques de barbares venus du nord, ont entraîné la chute de l'empire.

▶ *Il a été fait commerce pendant des milliers d'années d'objets magnifiques, comme cette urne en bronze, entre la Chine et l'Europe sur la célèbre Route de la Soie.*

▼ *Les marchands chinois achetaient aux commerçants de l'ancienne Perse (actuel Iran) de superbes soies colorées. Ils exportaient aussi la soie de Chine, avec des caravanes de chameaux jusqu'à Damas, porte entre l'Orient et l'Occident.*

Les villes romaines

- **Les villes romaines** étaient les plus grandes et les plus belles du monde antique. Elles n'étaient pourtant pas construites selon des critères aussi stricts que les cités grecques.

▲ *Les ruines du forum à Rome nous donnent une idée de la magnificence des villes dans l'Antiquité.*

- **Chaque ville** comportait deux rues principales et de nombreuses petites rues séparaient les *insulae* (« îlots » d'habitations).
- **Les *insulae*** étaient des immeubles élevés, loués par appartements. Les grandes maisons privées des riches Romains *(domi)* possédaient des cours centrales.
- **Les embouteillages** étaient si fréquents que dans beaucoup de villes la circulation était interdite pendant la journée.
- **Dans la plupart des villes**, on trouvait de nombreux magasins, des auberges *(tabernae)*, des cafés *(thermopilia)* et des boulangeries *(pistrina)*.
- **Le forum romain**, entouré sur trois côtés de galeries couvertes, était un grand marché ouvert et un lieu de rencontre. Sur le quatrième côté se trouvaient les tribunaux et la mairie *(basilica)*.

- **Dans la plupart des villes**, des temples étaient élevés aux dieux romains.
- **Il y avait aussi un grand théâtre** à ciel ouvert, ainsi qu'une arène et un stade où des gladiateurs s'affrontaient et où des courses de chars avaient lieu.
- **Les bains publics** *(thermae)* étaient des endroits où les gens venaient s'asseoir et prendre des bains chauds ou froids dans un superbe décor.
- **Les villes** avaient un système d'égouts et d'alimentation en eau très développé.

▼ *Un immeuble typique (appelé* insula*) faisait trois ou quatre étages et comportait jusqu'à cent petites chambres, sales et surpeuplées.*

L'Empire romain

- **Aux Ier et IIe siècles apr. J.-C.**, après la mort de l'empereur Auguste, les souverains romains ont régné sur un empire si vaste et si sûr que les citoyens pouvaient parler de *pax romana* ou paix romaine.
- **Les Romains** ont construit de grandes voies afin de déplacer facilement leurs troupes. Ils ont gouverné relativement paisiblement et ont construit des centaines de villes à la romaine dans tout l'Empire.
- **À la mort d'Auguste** en l'an 14, son beau-fils, Tibère, lui a succédé. Les descendants d'Auguste, Gaius, Claude et Néron, sont ensuite devenus empereurs, les uns après les autres.

LE SAVIEZ-VOUS ?
L'historien romain, Suétone, affirme que Néron chantait et jouait de la lyre lors du grand incendie de Rome, en 64.

- **Gaius** (37-41) est mieux connu sous le nom de Caligula (petite botte) à cause des bottes de soldats qu'il portait enfant.
- **Peu après son accès au pouvoir**, Caligula est devenu fou. Il a dépensé sans compter, a fait tuer des centaines de personnes, a épousé puis assassiné sa sœur et a élu son cheval ministre. Ses soldats ont fini par le supprimer.
- **Claude** (41-54) a succédé à Caligula. Les Romains pensaient qu'il était stupide parce qu'il bégayait et était handicapé. Il a été l'empereur le plus sage et le plus humain.

◄ *Les gladiateurs étaient des prisonniers et des criminels qui se battaient dans des amphithéâtres pour divertir les Romains.*

▶ *La zone orange montre l'étendue de l'Empire romain à son apogée, sous l'empereur Trajan (98-117). Il était divisé en provinces, comme la Bretagne (Angleterre et pays de Galles) ou la Gaule (nord de la France). Chaque province avait son gouverneur romain, souvent un ancien consul (ministre), qui prélevait les impôts.*

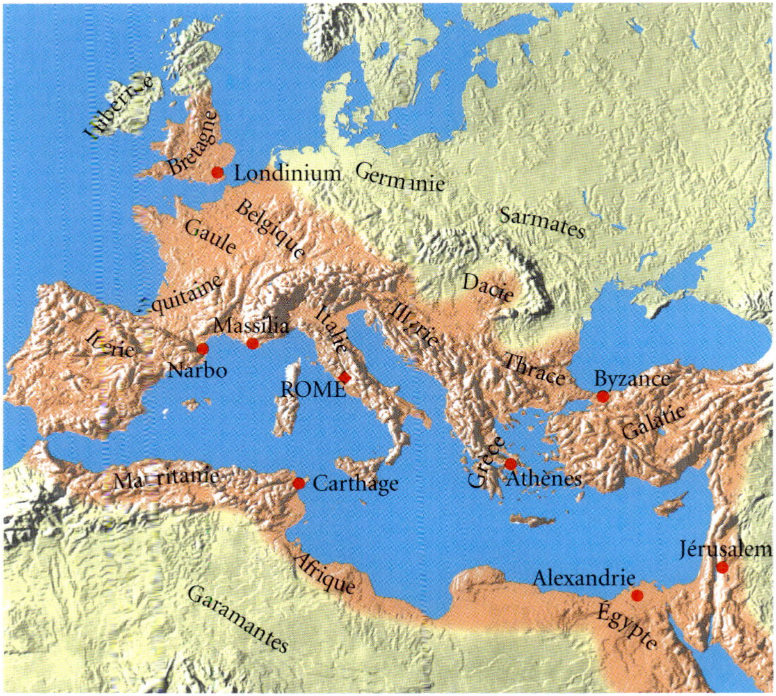

▼ *Les officiers impériaux portaient des toges. Les lois étaient écrites sur du papyrus ou du parchemin.*

- **Claude** est sûrement mort empoisonné par sa quatrième femme, Agrippine, qui souhaitait placer son fils Néron à sa place.
- **La puissance des empereurs** romains a connu son apogée sous les Antonins (Nerva, Trajan, Hadrien, Antonin et Marc Aurèle). Les Antonins ont régné entre 96 et 180.
- **L'Empire** s'est un peu étendu après la mort d'Auguste. La Bretagne a été conquise, en 43, et Trajan a envahi la Dacie (actuelles Roumanie et Hongrie).

L'armée romaine

- **Rome** doit sa puissance à l'efficacité de son armée.
- **En cas de révolte**, Rome pouvait lever une armée de 800 000 hommes.
- **Les fantassins** progressaient en carrés serrés, brandissant leurs lances et se protégeant de leur bouclier, le *scutarus*. Ils plaçaient leur bouclier sur leur tête pour se protéger des flèches. Cette technique est dite de la tortue.
- **Sous la République romaine**, l'armée était divisée en légions de 5 000 soldats. Chaque légion était faite de 10 cohortes. Les cohortes étaient composées de centuries de 80 à 100 soldats.
- **Le *legatus*** menait la légion, le *tribunus militum*, la cohorte et le centurion, la centurie.
- **Chaque soldat** romain avait une épée et deux lances. Il portait aussi une armure. Dans les premiers temps, elle était constituée d'une veste en cotte de mailles et un casque en cuir. Il a ensuite porté des bandes de métal sur une tunique en cuir et un casque en fer.

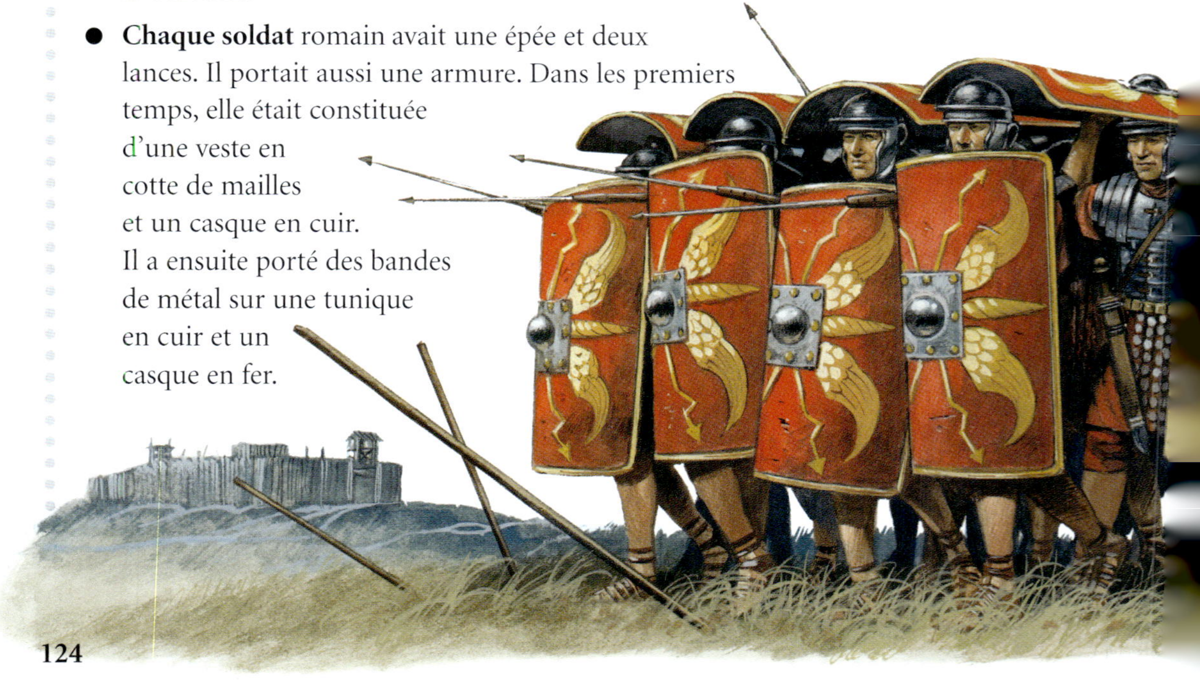

- **L'armée romaine** construisait des engins de siège et des catapultes pour prendre les villes.
- **Après l'an 100**, la plupart des soldats étaient des professionnels. La nourriture comptait pour un tiers de leur salaire.
- **Pour s'entraîner**, les soldats faisaient des marches de 30 km, trois fois par mois. Ils progressaient à 8 km/h, en portant un sac très lourd sur le dos.
- **Les soldats** étaient fouettés s'ils désobéissaient. En cas de mutinerie, un suspect sur dix était exécuté. On appelle cela la *décimation*.

◄ La formation de combat dite « de la tortue » s'est avérée très efficace.

► Les soldats romains étaient endurants. Durant l'entraînement, ils portaient leurs armes, leur armure et un sac rempli de vêtements, de nourriture et d'outils.

La vie des Romains

> **...LE SAVIEZ-VOUS ?...**
> Le *Circus Maximus* pouvait contenir jusqu'à 250 000 personnes.

- **Dans les grandes villes**, les Romains fortunés menaient une vie très confortable.
- **Au petit déjeuner**, les Romains mangeaient généralement du pain ou des biscuits de blé avec du miel, des dattes ou des olives, accompagnés de vin ou d'eau.
- **Au déjeuner**, le *prandium*, ils mangeaient à peu près la même chose.
- **Le repas principal**, la *cena*, était pris dans l'après-midi, généralement au retour des thermes. Ce repas était très copieux, avec trois plats principaux composés chacun de nombreuses assiettes.
- **Les riches Romains** avaient beaucoup de temps libre car leurs esclaves travaillaient pour eux. Pour se divertir, ils pariaient en jouant à pile ou face (*capita* et *navia*) ou aux osselets *(tali)*.
- **Les Romains** se divertissaient en allant assister aux *ludi* (jeux), tels que les pièces de théâtre, des courses de chars ou des combats de gladiateurs.
- **L'empereur Trajan** a assisté à un combat de gladiateurs qui a duré 117 jours avec 10 000 combattants.
- **Les Romains** ont eu plus d'esclaves que n'importe quel autre empire. Si beaucoup étaient maltraités, certains néanmoins vivaient bien.
- **Entre 73 et 71 av. J.-C.**, un esclave du nom de Spartacus a mené une révolte servile que l'armée romaine a finalement réprimée.

▶ *Les Romains étaient très propres et passaient des heures aux bains publics. Ci-contre, les bains romains de Bath en Angleterre.*

Les catastrophes

▲ *L'éruption du Vésuve a dévasté la ville de Pompéi. Au XVIIIe siècle, lors des premières fouilles du site, les archéologues ont trouvé des corps que la lave volcanique avait parfaitement conservés.*

- **Dans les légendes** de nombreuses civilisations, il est souvent fait mention de grandes catastrophes, comme des inondations.
- **Au Moyen-Orient**, le Sumérien Ziusudra, le Babylonien Gilgamesh et le Juif Noé ont chacun construit une arche pour échapper au Déluge.
- **En Inde**, Manu, le premier homme et le premier roi selon la mythologie, aurait été averti par des poissons d'un grand déluge et y aurait survécu en construisant un bateau.
- **En Amérique**, les Aztèques croyaient que les jaguars, les ouragans, la foudre et le tonnerre et enfin un déluge qui dura 52 ans avaient détruit les quatre mondes précédents.
- **L'éruption du volcan** sur l'île de Théra (Santorin) en mer Égée, en 1500 av. J.-C., a détruit la civilisation minoenne en Crète. Cette catastrophe serait à l'origine des légendes sur la civilisation disparue de l'Atlantide.
- **À l'époque** où le peuple hébreu y était encore esclave, l'Égypte a été anéantie par une inondation de sang prédite par Moïse. Il s'agissait probablement d'une crue du Nil dont l'eau avait été rougie par des algues.

- **En 464 av. J.-C.**, 10 000 personnes ont péri dans un tremblement de terre qui avait secoué la cité de Sparte, en Grèce.
- **En 436 av. J.-C.**, une terrible famine a conduit des milliers de Romains à se jeter dans le Tibre pour échapper à la faim.
- **En 64**, sous Néron, un incendie a détruit la ville de Rome. Les Romains, en colère, ont accusé Néron d'avoir mis le feu.
- **En 79**, l'éruption du Vésuve a enterré Pompéi sous une pluie de cendres. Les vestiges sont très bien conservés.

▼ *L'île grecque de Théra s'est retrouvée anéantie après une éruption volcanique qui aurait mis fin à la civilisation minoenne.*

Le Yamato

- **Les plus anciennes traces** d'agriculture au Japon remontent à 300 av. J.-C., mais le Japon était habité depuis bien plus longtemps.
- **Les premiers habitants** du Japon seraient les Aïnous ou les Ezos. Des descendants d'Aïnous vivent encore dans le nord du pays.
- **Vers 250 av. J.-C.**, la civilisation dite « Yayoi » dominait le Japon. Cette civilisation était marquée par la fabrication d'objets en fer et en bronze.
- **Vers 660 av. J.-C.**, Jimmu Tenno, d'après la légende, aurait fondé l'empire japonais, en établissant le centre de son pouvoir dans la région du Yamato.
- **Jimmu Tenno** serait le descendant de la déesse du Soleil, Amaterasu.
- **De 200 à 645**, la dynastie des Yamato a régné sur le Japon et lui a donné son nom.
- **Jusqu'à nos jours**, les empereurs japonais ont prétendu descendre des Yamato ; et les Yamato, à leur tour, ont déclaré être les descendants de la déesse du Soleil.
- **Shotoku Taishi** (574-622), neveu de l'impératrice Suiko, a doté le Japon d'un État organisé, inspiré par le modèle de l'État chinois, et encouragea le bouddhisme et le confucianisme.
- **Le shinto** est la religion principale au Japon, depuis la préhistoire. Ce n'est qu'au VIe siècle qu'on lui donna son nom afin de le distinguer du bouddhisme et du confucianisme.

LE SAVIEZ-VOUS ?
En l'an 2000, on a retrouvé au Japon les restes des poteaux d'une hutte ronde datant d'un demi million d'années.

◀ *Les prêtres shinto croient que tout ce qui inspire la terreur (comme les arbres tordus ou les guerriers morts) est peut-être un* kami *(esprit).*

L'empire de Maurya

- **En 321 av. J.-C.**, Chandragupta Maurya (325-297 av. J.-C.) a fondé le premier grand empire indien. Sa capitale était Pataliputra, sur les bords du Gange.
- **Cet empire** à son apogée englobait le Pakistan, le Bangladesh et l'Inde, sauf la région la plus au sud.
- **Le plus célèbre** des empereurs de la dynastie Maurya est le petit-fils de Chandragupta, Asoka (265-238 av. J.-C.).
- **Témoin d'un terrible combat**, Asoka a décidé de ne plus faire la guerre. Il s'est consacré à l'amélioration du sort de son peuple.
- **Asoka** est devenu bouddhiste et son gouvernement a développé la notion de Dharma, ou « Loi Universelle ».

▲ *Les banians ont des branches qui se transforment en troncs. Ils ont été plantés pour donner de l'ombre aux voyageurs, le long des routes.*

- **La Loi universelle** prône la tolérance des religions, la non-violence et le respect de la dignité de chacun.
- **Asoka** a fait construire des puits et des réservoirs en Inde afin d'aider les pauvres. Il a aussi fait bâtir des maisons de repos et fait planter des banians pour les voyageurs le long des nouvelles routes.

- **Asoka disait** : « Tous les hommes sont mes enfants. » Il envoyait ses fonctionnaires pour régler les problèmes locaux.
- **Une imposante police** secrète et une armée de 700 000 hommes ont aidé Asoka à gouverner son empire.
- **L'insigne d'Asoka**, le lion de Sarnath, est aujourd'hui l'emblème national de l'Inde.

◄ *Sous le règne d'Asoka, on a construit des* stupas *(temples qui contenaient des reliques de Bouddha) à travers toute l'Inde.*

Les Américains

- **Le maïs** était cultivé dans le sud-ouest des États-Unis, vers 2000 ou 1000 av. J.-C.
- **Les premiers villages** agricoles du sud-ouest des États-Unis sont ceux des populations Anasazi, Mogollon et Hohokam et datent de 100 apr. J.-C. Ces peuples vivaient dans des grottes ou dans des maisons souterraines creusées dans les rochers du désert.
- **Anasazi** vient d'un mot navajo signifiant « les anciens ».
- **La culture Anasazi** est aussi connue sous le nom de « culture des vanniers » parce que sa population tressait des paniers.
- **Vers 700 apr. J.-C.**, les populations Anasazi ont construit des villages en pierre appelés *pueblos*, ce qui leur vaut aussi le nom d'Indiens pueblos.

> **LE SAVIEZ-VOUS ?**
> Les habitations troglodytiques, à Mesa Verde, pouvaient loger 250 personnes.

- **Durant la période classique**, entre 1050 et 1300, les populations Anasazi vivaient dans des habitations troglodytiques, comme celles de Pueblo Bonito. La culture pueblo a décliné à partir de 1300.
- **Dans les régions de l'est des États-Unis**, les premiers villages agricoles sont ceux de la culture dite « Hopewell », dans les vallées de l'Illinois et de l'Ohio.
- **La culture Hopewell** est caractérisée par de grands *tumulus*, près desquels on a trouvé des objets attestant l'existence d'échanges à travers toute l'Amérique.
- **Vers 700**, des villages avec des sanctuaires érigés sur des buttes se sont développés près de Saint Louis sur le Mississippi.

▶ *Les* pueblos *les plus célèbres sont ceux de Mesa Verde, dans le Colorado.*

Les premiers Irlandais

- **Les hommes** se sont installés tardivement en Irlande. Les silex laissés par des chasseurs et pêcheurs sur les plages, près de l'actuelle ville de Larne, il y a 8 000 ans, sont les premières traces de cette installation.
- **Les premiers villages** néolithiques sont apparus, il y a 5 000 ans.
- **Au néolithique**, les hommes honoraient leurs défunts en érigeant d'imposants monuments mégalithiques, en particulier des dolmens.
- **Les ruines** les plus spectaculaires du début de cette civilisation sont celles des dolmens à couloir. Sous une levée de terre, un long couloir menait à une salle aux murs de pierre. Il existe 150 tombeaux de cette sorte en Irlande, le plus connu est celui de Newgrange, près de Dublin.
- **Les Celtes** ont envahi l'Irlande durant l'âge du fer, vers 400 av. J.-C. La multitude des mythes irlandais tire sûrement leur origine de cette époque.
- **L'Irlande celtique** a été divisée en 150 clans appelés *tuatha*, puis en cinq royaumes : Ulster, Meath, Leinster, Munster et Connacht. À partir du Ve siècle, un roi *(ard-ri)* gouvernait toute l'île depuis Tara, sa capitale, dans le Leinster.
- **Les Celtes irlandais** étaient des guerriers et des bergers pour qui les vaches avaient beaucoup de valeur. Ils aimaient la poésie et étaient d'habiles orfèvres.
- **Les gardiens de la tradition celtique** s'appelaient des druides. En 432, d'après les légendes, saint Patrick est venu convertir l'Irlande au christianisme.
- **Les monastères** étaient les seuls lieux où l'art et l'apprentissage s'exerçaient pendant l'âge des ténèbres. Ils ont permis la réalisation du célèbre *Livre de Kells*.

... LE SAVIEZ-VOUS ? ...
La tombe de Knocknarea à Sligo serait celle de la légendaire reine Maeve.

▼ ▶ *L'immense dolmen de Newgrange, près de Dublin, a été construit vers 3100 av. J.-C. Un long couloir étroit mène à la chambre mortuaire située sous l'amas de terre. Au-dessus de l'entrée se trouve un creux inhabituel par lequel le soleil d'hiver pénètre jusque dans la chambre.*

Tous les ans, le 21 décembre à 8 h 58 précises (solstice d'hiver), le soleil levant pénètre par le creux situé au-dessus de la porte et éclaire le couloir jusqu'à la chambre mortuaire.

L'une des caractéristiques de Newgrange est sa décoration. On trouve surtout des spirales gravées sur la roche qui auraient eu une signification rituelle.

Jules César

- **Jules César** (100-44 av. J.-C.) était le plus célèbre général de Rome. Il était aussi un grand orateur qui savait enflammer les foules.
- **À 17 ans**, il a défié Sulla, dictateur de Rome, et a épousé Cornélia, la fille du chef rebelle Cinna. Cornélia est morte quand César avait 30 ans.
- **Il s'est très vite** lancé dans la politique et a bâti sa réputation en dépensant sa fortune en divertissements.
- **En 60 av. J.-C.**, il a formé un triumvirat (exercice du pouvoir par trois personnes) avec Crassus et Pompée.
- **En 58 av. J.-C.**, César a mené une brillante campagne militaire pour conquérir la Gaule (actuel nord de la France). Il a aussi envahi les îles britanniques.
- **Il a écrit un récit** de ses campagnes en Gaule qui est maintenant une œuvre classique.
- **Pompée** s'est inquiété de la popularité des conquêtes de César. Les deux hommes se sont alors mené une guerre sans partage pendant cinq ans. Leur lutte a pris fin en Égypte, en 48 av. J.-C., en faveur de César.
- **En 45 av. J.-C.**, César était le maître incontesté de l'Empire romain et a été élu dictateur à vie.

▲ *César n'était pas seulement un brillant général mais aussi un grand homme d'État. Il a fait de nombreuses réformes et a lutté contre la corruption.*

- **On a proposé** à César d'être roi, ce qu'il a refusé.
- **Le 15 mars 44 av. J.-C.**, aux « ides de mars », César a été assassiné alors qu'il entrait au sénat. Ses assassins, un groupe mené par Brutus et Cassius, pensaient que ses ambitions mettaient Rome en péril.

▶ *César n'a pas pu mener à leur terme toutes les réformes économiques, sociales et politiques qu'il a entreprises.*

Les Gupta

- **Les Gupta** étaient une dynastie indienne qui a régné sur le nord de l'Inde, entre 320 et 500. Cette période a été l'un des âges d'or de la civilisation de l'Inde, en particulier dans le domaine des lettres et des arts et spécifiquement dans celui de la sculpture.
- **Les Gupta** étaient à l'origine de riches propriétaires terriens qui ont pris le contrôle du petit royaume de Magadha, dans la vallée du Gange.
- **Chandragupta Ier** est monté sur le trône en 320. Il a étendu son royaume en faisant d'habiles alliances matrimoniales.
- **Son fils**, Samudragupta, et son petit-fils, Chandragupta II, ont su étendre leur domination dans le nord du pays grâce à des conquêtes militaires.
- **Les religions** bouddhiste et hindouiste se sont développées à cette période.
- **Des temples magnifiques** et des sculptures religieuses ont été exécutés dans le nord de l'Inde.
- **Vers 450**, Kalidas, le plus grand poète et dramaturge indien, a écrit sa célèbre pièce de théâtre, *L'Anneau de Sakuntala*, pleine de romance et d'aventures.
- **La musique et la danse** se sont manifestées sous leur forme la plus classique.
- **Les mathématiciens hindous** ont développé le système décimal que l'on utilise aujourd'hui.
- **La domination** des Gupta a pris fin vers 500 sous les attaques répétées des Huns venus du nord.

▶ *Les sculptures et les peintures bouddhistes et hindouistes de la période Gupta ont longtemps été des modèles pour l'art en Inde.*

Gaulois et Francs

- **Les Gaulois** étaient des Celtes établis en Europe de l'Ouest, surtout en Gaule, qui englobait le territoire actuel de la France ainsi que de la Belgique et de la Suisse, et des régions situées sur la rive gauche du Rhin.
- **Ils étaient de terribles guerriers** et, parce qu'ils avaient les cheveux longs et portaient la barbe, les Romains les considéraient comme des sauvages.
- **En 390 av. J.-C.**, les Gaulois ont traversé les Alpes, sont allés jusqu'à Rome qu'ils ont pillée. Ils ont occupé le nord de l'Italie pendant 200 ans.
- **En 278 av. J.-C.**, ils ont envahi l'actuelle Turquie et colonisé la Galice.
- **Vers 50 av. J.-C.**, Jules César a mené une campagne victorieuse pour écraser les Gaulois.
- **Les Francs** étaient un peuple germanique divisé en deux groupes : les Saliens et les Ripuaires.
- **En 486**, Clovis, roi des Francs saliens, a envahi la Gaule romaine afin de fonder un empire qui s'étendait sur la France et la Belgique actuelles.

LE SAVIEZ-VOUS ?
Les Francs étaient vingt fois moins nombreux que les Gallo-Romains, ils ont pourtant donné leur nom à la France.

◄ *Charles II de France dit Charles le Chauve (823-877) s'est battu des années contre ses demi-frères, Louis le Germain et Lothaire. En 843, le traité de Verdun a donné à Charles le pouvoir de régner sur la partie de l'empire qui se trouve en France.*

- **Les premiers Francs** qui ont régné en Gaule étaient les Mérovingiens (486-751), les Carolingiens (751-987) leur ont succédé.
- **À la mort de Clovis** en 511, le royaume mérovingien s'est retrouvé divisé et affaibli. Vers 719, certains rois mérovingiens ont permis à Charles Martel de prendre le contrôle du nord du pays en tant que « maire du palais ». Il a très vite dominé toute la Gaule.

▶ *En 52 av. J.-C., le chef gaulois Vercingétorix a mené une ultime tentative pour repousser les Romains. Il a finalement été battu et exécuté à Rome en l'honneur de César.*

L'Afrique ancienne

- **Les premières civilisations** sont apparues sur Terre en Afrique dans la vallée du Nil, en Égypte, et plus au sud, en Nubie.
- **La première civilisation nubienne**, dite culture du groupe A, est née en 3200 av. J.-C. dans le nord de la Nubie, à Ouaouat. Dès 2950 av. J.-C., les Égyptiens ont établi leur domination sur cette région.
- **Vers 2000 av. J.-C.**, une nouvelle culture nubienne est apparue dans le sud, alors fertile, appelée pays de Koush. Contrairement aux Nubiens de Ouaouat qui étaient Asiatiques, les Koushites étaient des Africains noirs.
- **L'Égypte a étendu son influence** sur les Koushites, en 1500 av. J.-C. Ceux-ci, menés par le roi Chabako, ont envahi l'Égypte en 715 av. J.-C. Pendant 50 ans, les pharaons étaient des Koushites, c'est ainsi que la cité de Napata est devenue la capitale de l'Égypte.
- **En 666 av. J.-C.**, les Assyriens ont chassé les Koushites d'Égypte. Ces derniers ont appris des Assyriens comment fabriquer le fer.
- **La cité de Napata** avait un gisement de fer, mais peu de bois pour le faire fondre. Les Koushites ont donc déplacé leur capitale à Méroé, où ils ont construit de grands palais, des temples, des bains publics et des pyramides.
- **Les Koushites** ont répandu la métallurgie du fer vers l'ouest, au Nigeria.
- **Dès 100**, la cité d'Aksoum, aujourd'hui dans le nord de l'Éthiopie, est devenue riche et puissante grâce à l'ivoire. Vers 350, le roi d'Aksoum, Ézana, a envahi le pays de Koush.
- **On dit que les rois d'Aksoum** sont les descendants du roi juif Salomon et de la reine de Saba. Les Saba étaient des Arabes installés à Aksoum.
- **Le roi Ézana** s'est converti au christianisme. Pendant 1 500 ans, l'Aksoum (Éthiopie) a été le seul pays chrétien d'Afrique.

▲ *L'Afrique est le lieu de naissance de l'humanité. On trouve en Afrique de nombreuses peintures rupestres datant de 30 000 ans.*

Les Celtes

- **Les Celtes** sont d'anciennes peuplades apparues d'abord dans la vallée du Danube en Allemagne, il y a près de 3 300 ans.
- **Les premiers Celtes** sont connus comme la civilisation « des champs d'urnes », car ils plaçaient leurs défunts incinérés dans des urnes.

▲ *Conçu en 800, en Iona et en Irlande, le* Livre de Kells *est l'un des plus grands trésors de l'art celte.*

- **De 800 à 400 av. J.-C.**, les Celtes se sont dispersés dans le nord de l'Europe. Sous le nom de Gaulois, ils se sont installés dans l'actuelle France, puis en Angleterre sous le nom de Bretons et en Irlande sous celui de Gaëls.
- **On appelle** la première vague d'immigration celle de la culture Hallstatt. Les Celtes ont alors développé la métallurgie du bronze.
- **Vers 500 av. J.-C.**, les Celtes ont appris l'usage du fer au contact des Grecs et des Étrusques.
- **Dans la culture de La Tène**, les motifs en spirales décoraient les armes et les ornements.
- **Après le pillage de Rome** par les Gaulois, en 390 av. J.-C., les Celtes auraient dominé l'Europe. Ils sont remontés vers l'ouest dès 200 av. J.-C.

- **Certains Celtes** se servaient des lettres grecques pour écrire dans leur propre langue. Notre connaissance de ce peuple est limitée aux auteurs grecs et romains.
- **Les Celtes** étaient de féroces guerriers qui attaquaient en poussant des cris, à demi nus, le corps peint de bleu de guède. Ils honoraient toutefois davantage leurs poètes que leurs guerriers. Les histoires de héros et de magie, racontées par les poètes, montrent combien leur culture était riche.
- **Leur société** était très organisée et avait à sa tête un chef qui élaborait les lois.

▶ *Faire face à un guerrier celte était une expérience terrifiante. Le corps tatoué de teinture bleue, il donnait l'assaut en poussant des cris à faire froid dans le dos.*

Les premiers Bretons

- **La Grande-Bretagne** est habitée par les hommes depuis plus de 500 000 ans. Le site le plus ancien est celui de Star Carr, dans le Yorkshire et date de 10 000 ans.
- **Les hommes du néolithique** sont arrivés du continent européen, il y a 6 000 ou 7 000 ans. Ils ont alors défriché les forêts de l'île pour cultiver les terres et ont construit des maisons en pierre.
- **Les premiers agriculteurs** ont érigé des monuments ronds avec des pierres et des poteaux en bois, appelés *henges*. Le plus connu de ces sites mégalithiques est celui de Stonehenge, dans le Wiltshire.
- **Vers 2300 av. J.-C.**, un nouveau peuple s'est installé en Grande-Bretagne. On l'appelle le peuple des gobelets à cause de ses tasses de poterie en forme de bec. Il a été le premier peuple artisan de métaux en Grande-Bretagne.
- **D'après la tradition légendaire**, le mot « Bretagne » vient de Brutus, nom de l'un des fils d'Énée, qui aurait fui Troie.
- **Vers 700 av. J.-C.**, des Celtes se sont installés dans des villages perchés sur des collines.
- **Des haches en fer** et des charrues ont permis de défricher les terres pour les cultiver.
- **Lorsque Jules César** a envahi l'île, en 55 et 54 av. J.-C., les peuples celtes d'Angleterre, les Bretons, étaient divisés en une vingtaine de tribus, telles les Catuvellauni ou les Atrebates.
- **Les chefs des tribus**, comme celle des Caratacus, ont longtemps résisté à l'envahisseur. Il a fallu plus d'un siècle aux Romains pour les vaincre.
- **La dernière révolte** contre l'hégémonie romaine a été celle de la reine Boadicée, en 60 apr. J.-C.

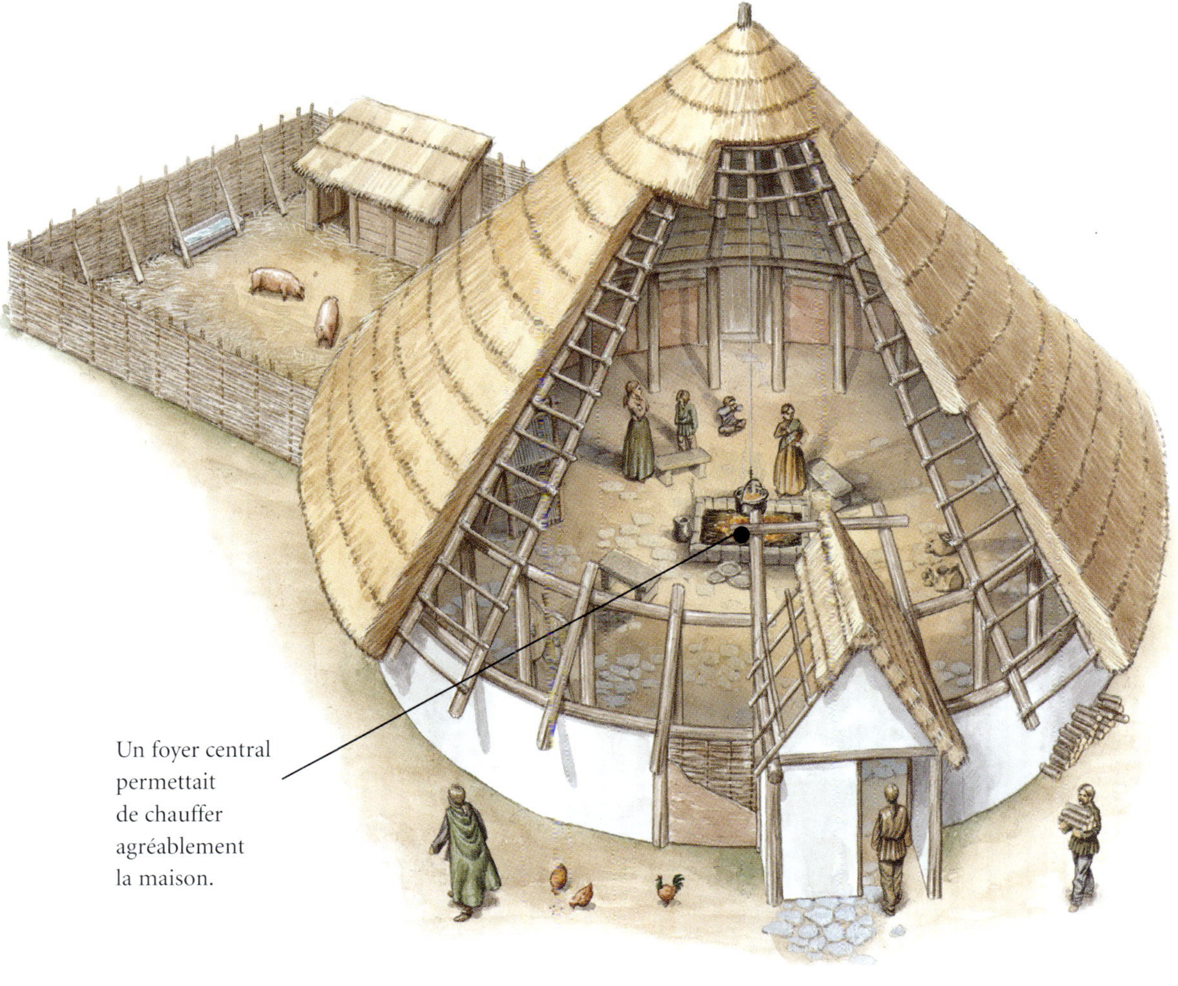

Un foyer central permettait de chauffer agréablement la maison.

▲ *Pendant l'âge du bronze, les Bretons vivaient dans des maisons rondes, faites d'épais murs de pierre et d'un toit de chaume très pointu.*

La chute de Rome

- **À la mort de Marc Aurèle** (180 apr. J.-C.), une série de luttes politiques a affaibli l'Empire romain.
- **La garde prétorienne** a joué un rôle clé dans la proclamation et la destitution des empereurs. Ainsi, entre 235 et 284, 60 empereurs romains se sont succédé.
- **L'Empire romain** a sombré dans l'anarchie et s'est trouvé assailli par la famine, la peste et les invasions.

▼ *En 330, l'empereur Constantin a transféré la capitale de l'Empire romain à Byzance qui prit le nom de Constantinople (actuelle Istanbul, en Turquie).*

- **Dioclétien**, qui régna de 284 à 305, a tenté de réorganiser l'Empire romain pour en faciliter l'administration. L'Empire a alors été partagé en deux. Il a gouverné la partie orientale et a confié à Maximilien la zone occidentale.
- **Lorsque Dioclétien** s'est retiré dans son palais en Dalmatie, l'armée a essayé de choisir un nouvel empereur.
- **Constantin**, le commandant des armées romaines en Grande-Bretagne, a battu ses rivaux et est devenu empereur. On raconte qu'avant la bataille décisive, il aurait vu un chrétien traverser le ciel. Aussi, après sa victoire, s'est-il converti au christianisme.
- **En 330**, Constantin a fait de Byzance sa capitale et l'a nommée Constantinople.
- **À la mort de Constantin**, l'empire est retombé dans le chaos. Il s'est définitivement scindé en deux.
- **L'Empire romain d'Occident** a subi de nombreuses attaques barbares. Les Vandales ont envahi l'Espagne et le nord de l'Afrique. Les Goths et les Huns ont attaqué par le nord.
- **En 410**, les Wisigoths, menés par Alaric, ont envahi l'Italie et ont pillé Rome, tout comme les Vandales, un peu plus tard. En 476, l'Empire romain d'Occident a fini par s'effondrer.

▶ *Cette pièce date du règne de Constantin. L'inscription signifie : « Constantin, souverain sage et respectueux. »*

Les premiers chrétiens

- **Les premiers chrétiens** étaient des juifs de Palestine. Des disciples comme Paul ont vite répandu la foi aux « gentils » (non-juifs) dans les autres pays.
- **Au début du christianisme**, les dirigeants romains toléraient les chrétiens ; dès 64, ils les ont considérés comme une menace et les ont donc persécutés.
- **Les persécutions** ont en fait renforcé le christianisme avec l'apparition de martyrs comme saint Alban.
- **En 313**, l'empereur Constantin a accordé aux chrétiens la liberté de culte et a convoqué le premier grand conseil de l'église œcuménique, en 325.
- **Le christianisme** est devenue la religion officielle de l'Empire romain en 392.
- **Au moment où l'Empire romain s'est divisé en deux**, l'Église a fait de même. Rome est devenue la capitale chrétienne de l'Occident et Constantinople celle de l'Orient.
- **Le chef de l'Église** en Occident était le pape et en Orient, le patriarche. Le premier pape était saint Pierre, l'apôtre de Jésus. Les papes se sont ensuite succédé sans interruption. Le pouvoir des papes n'est toutefois devenu réel qu'avec saint Grégoire, en 590.
- **Certains chrétiens**, tel que saint Benoît, sont devenus moines pour mener une vie exclusivement spirituelle, à l'écart du monde, dans des monastères.
- **Après 500**, les moines ont répandu le christianisme en Europe du Nord-Ouest.
- **Les monastères**, après la chute de Rome, étaient les seuls centres du savoir.

▶ *Les premiers textes chrétiens étaient manuscrits. Les moines passaient des années à les enluminer. Les manuscrits enluminés de cette période comptent parmi les plus beaux ouvrages jamais réalisés.*

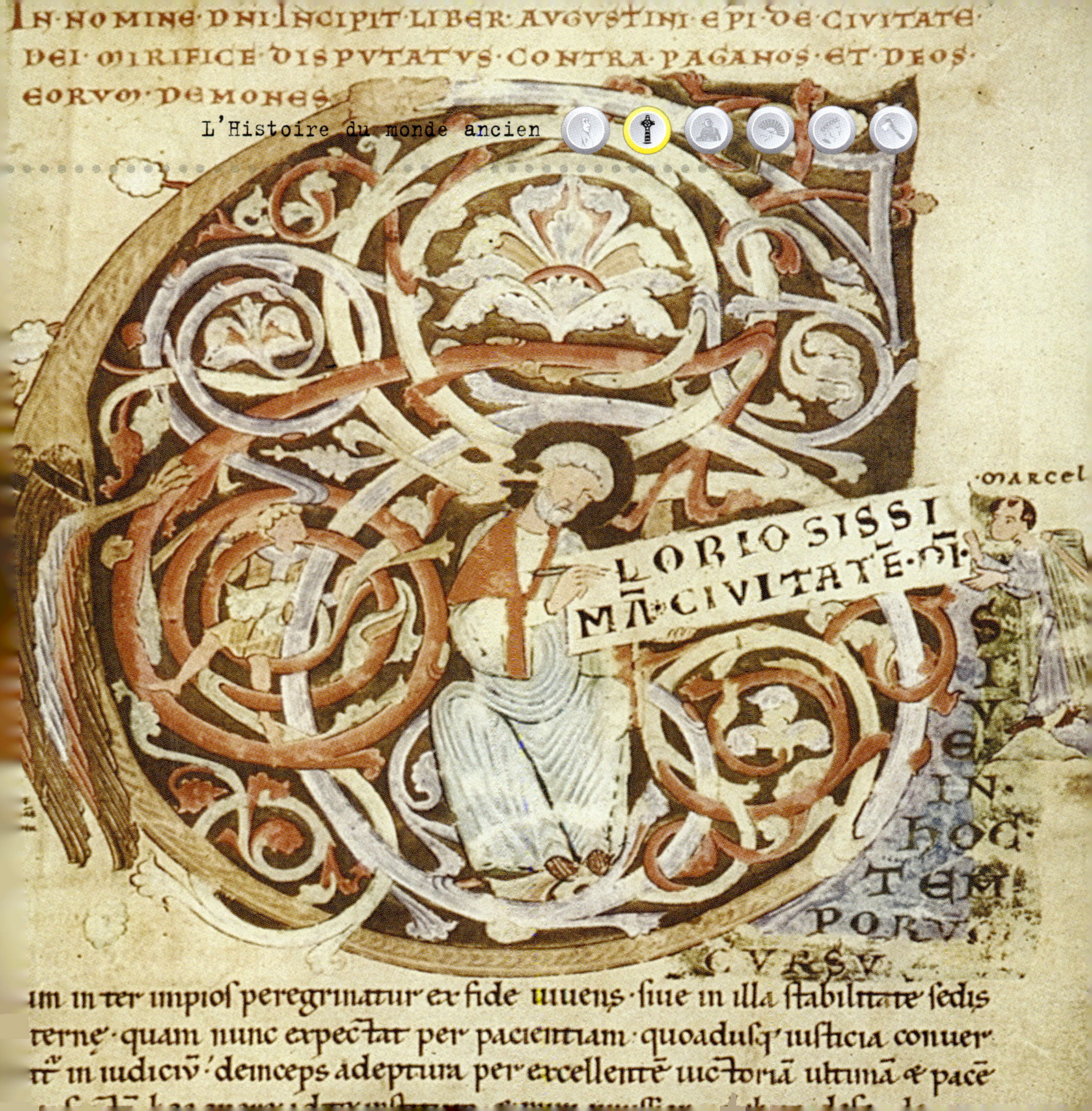
IN NOMINE DNI INCIPIT LIBER AUGUSTINI EPI DE CIVITATE DEI MIRIFICE DISPUTATUS CONTRA PAGANOS ET DEOS EORUM DEMONES

LORIOSISSI
MĀ CIVITATĒ DĪ

MARCEL

SIVE IN HOC TEMPORUM CURSU

um inter impios peregrinatur ex fide uiuens siue in illa stabilitate sedis
terne quam nunc expectat per pacientiam quoadusq' iusticia conuer
tat in iudiciu' deinceps adeptura per excellentē uictoriā ultimā & pacē

L'Empire byzantin

- **Quand l'Empire romain** s'est effondré en 476, Constantinople est devenue la capitale de ce que les historiens appellent l'Empire byzantin (Empire chrétien gréco-oriental). Elle s'est ensuite nommée Byzance jusqu'en 1453.
- **Après que Constantin** a fait de Constantinople sa capitale, pendant six ans, maçons, architectes et artistes en ont fait l'une des plus belles cités.
- **Constantinople** était le centre des échanges commerciaux entre l'Asie et l'Europe. La soie, les pierres précieuses et l'ivoire étaient échangés contre de l'or, des graines, des olives et du vin. En prenant 10 % sur toutes les marchandises qui entraient et sortaient, la capitale est devenue fabuleusement riche.
- **Lorsque Justinien I**^er^ est monté sur le trône en 527, il a tenté de reconstruire l'Empire romain. Son général, Bélisaire, a reconquis l'Italie et, à partir de 565, l'autorité des Byzantins s'est exercée tout autour de la Méditerranée.
- **Justinien** a aussi fait construire des centaines d'églises, dont la célèbre basilique Sainte-Sophie, dédiée à la sagesse divine.
- **Il a modernisé** la loi romaine et jeté les bases des systèmes judiciaires occidentaux en créant le code de Justinien.
- **L'Empire byzantin** a subi les attaques des Goths, des Huns, des Perses, des Slaves, des Vikings, des Arabes, des Turcs, des Croisés, des Normands... Il les a toujours repoussées, grâce à son arme, le feu grec, une mixture de chaux vive, de pétrole et de soufre, qui s'enflammait avec l'eau.

▶ *Justinien Ier a été le plus grand empereur byzantin, bien que son secrétaire général, Procope, le qualifiait de « démon incarné ». Il a régné aux côtés de sa femme, Théodora, qui est à l'origine des lois qui ont permis d'améliorer la condition des femmes et des pauvres.*

- **En 1204**, les chevaliers croisés, à court d'argent, ont saccagé Constantinople. Presque tous les trésors de la ville ont été volés et la capitale ne s'est jamais remise de ce pillage.
- **Constantinople** a finalement été prise par le sultan turc Mehmet II, en 1453, et devint la capitale de l'Empire ottoman.

LE SAVIEZ-VOUS ?
Sur les 88 empereurs byzantins, 29 sont décédés de mort violente, c'est ainsi que l'adjectif « byzantin » qualifie les conspirations obscures.

▼ *À son apogée, Constantinople possédait les plus beaux monuments de l'époque. Ce dessin montre le quartier où se trouvait le palais, à l'abri du reste de la ville, bruyante et surpeuplée.*

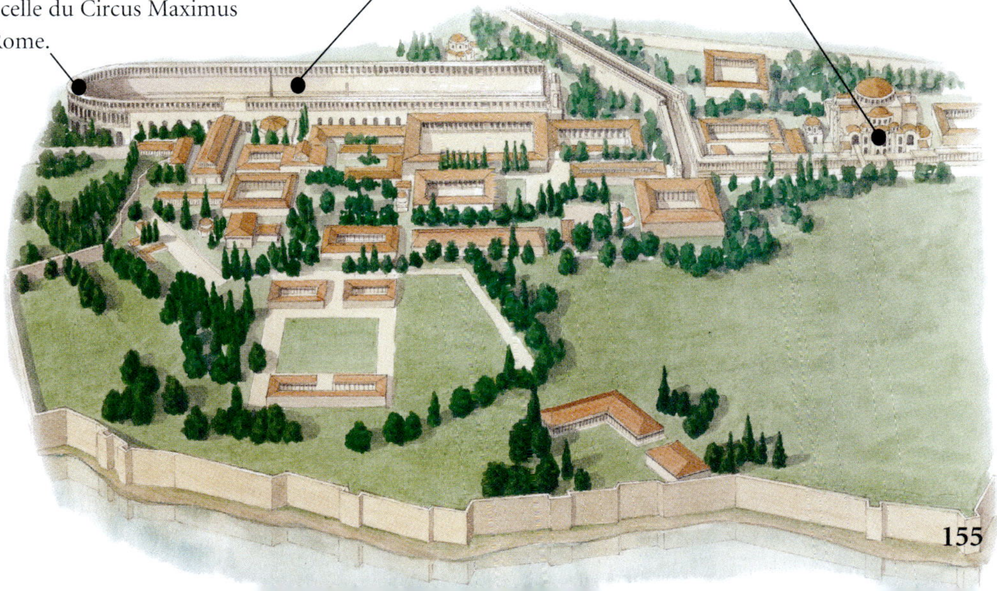

Sui, Tang et Song

- **En 581**, Yang Kien a réuni toute la Chine du Nord sous son autorité, créant ainsi la dynastie des Sui.
- **Yang Kien** a conquis le Sud et, pour la première fois depuis la chute des Han en 220, à restaurer l'unité de la Chine.
- **Le second empereur Sui**, Yang Ti, a fait construire le grand canal reliant les deux principaux fleuves chinois, le fleuve Jaune et le Yang-Tsé-Kiang.
- **Yang Ti**, trahi par l'une de ses 3 000 maîtresses, a été étranglé en 618. Li Yuan, ministre ambitieux, s'est alors emparé du trône pour fonder la dynastie des Tang.
- **Sous les Tang**, le commerce a prospéré, la Chine est redevenue riche, les arts et les sciences se sont développés.
- **En 751**, la Chine était le plus grand empire du monde et la capitale, Chenyang, comptait plus d'un million d'habitants.
- **Les Chinois** ont été les premiers à boire du thé et à s'asseoir sur des chaises.
- **Les poètes**, comme Li Po (701-762), chantaient leur amour pour les montagnes et le caractère éphémère du bonheur. La tradition chinoise des peintures de paysages a commencé avec la création de l'un des premiers livres imprimés, le *Sutra du diamant*, en 868.
- **À partir de 800**, la Chine de la dynastie des Tang est à nouveau tombée dans une période d'anarchie politique et de déchéance culturelle.
- **L'ordre** a été rétabli en 960 par la dynastie des Song. Celle-ci régna jusqu'en 1276, avant d'être renversée par le Mongol Koubilai Khan.

▶ *La poudre à canon a été inventée sous les Tang. Les Chinois l'ont utilisée pour les feux d'artifice avant de s'en servir pour les armes.*

Les Barbares

- **Les Romains** appelaient « barbares » tous les peuples qui vivaient hors de l'Empire et qui, croyaient-ils, n'étaient pas civilisés.
- **Les Barbares** vivaient rarement dans de grandes villes. Ils préféraient habiter dans des petits villages agricoles fortifiés.
- **Ils étaient** pour la plupart de vaillants guerriers mais aussi des artisans et des poètes talentueux.
- **Les Romains** pensaient que les Barbares étaient sauvages et grossiers. Ils ont pourtant fondé une civilisation durable.
- **Les Barbares** n'étaient pas très disciplinés quand ils se battaient contre les Romains. Ils chargeaient leurs ennemis à cheval, telle une horde immense, sauvage et terrifiante.
- **Les Goths**, peuplades germaniques, ont occupé l'Empire romain d'Occident aux IVe et Ve siècles apr. J.-C. Les Ostrogoths se sont répandus à l'Est, près de la mer Noire, et les Wisigoths sur le Danube. Ces derniers ont déposé le dernier empereur romain, en 476.
- **Les Italiens** ont plus tard utilisé le mot « gothique » pour se moquer des cathédrales du nord de l'Europe qu'ils trouvaient laides. Le terme désigne aujourd'hui le style architectural de ces édifices.
- **Les Vandales** étaient un groupement de peuples germaniques établi en Europe centrale. En 380, les Huns les ont chassés vers l'ouest. Ils ont ensuite dominé l'Espagne et le nord de l'Afrique.
- **Les Vandales** ont envahi et dévasté l'Italie en 455 puis saccagé Rome. Aujourd'hui, le mot « vandale » définit des destructeurs.

- **Les Huns** étaient des nomades mongols venus de l'est de l'Asie. Ils ont envahi l'Europe, vers 370, puis ont été vaincus en 455. Ils étaient la bête noire des Romains. Un jour, un Romain a dit d'eux : « Ils ont une sorte de masse difforme pour visage et des trous à la place des yeux. » Les Huns bandaient en effet les crânes des enfants pour les déformer. Attila était le plus redouté des Huns.

▶ *Alaric est le grand chef des Goths qui a pris Rome en 410. Il a pillé la ville mais a épargné les églises. Il projetait de s'installer en Afrique, mais une tempête l'a obligé à s'arrêter à Cosenza dans le sud de l'Italie, où il est mort.*

Grande-Bretagne romaine

- **L'occupation romaine** a débuté en 43 apr. J.-C. avec l'arrivée des armées de Claude, à Richborough, dans le Kent. En 78, les Romains avaient conquis toute l'Angleterre ainsi que le pays de Galles.
- **L'Écosse** est restée hors de la domination romaine. En Écosse, entre 122 et 130, les Romains ont construit un mur de pierre de 118 km de long, connu sous le nom de Mur d'Hadrien, pour se protéger des Barbares.
- **La présence de l'armée romaine était importante.** On comptait trois légions de 5 000 hommes chacune à York, Chester et Caerleon, et 40 000 volontaires.
- **Un gouverneur** romain régnait sur l'île de Bretagne (nom ancien de la Grande-Bretagne), les Romains admettaient toutefois l'existence des chefs locaux.
- **Les Romains** ont construit les premières vraies villes, comme St-Albans, Gloucester et Lincoln, et ont établi un système de routes.
- **L'agriculture** s'est développée pour répondre aux besoins alimentaires des Romains. Des domaines agricoles ont ainsi été créés.
- **La plupart des hommes** étaient bilingues, ils parlaient le celte et le latin. Beaucoup ont adopté le mode de vie romain.

► *Le roi Arthur est devenu le plus grand héros de la légende britannique. Le vrai Arthur était probablement un chef breton qui pendant un temps s'est retourné contre les envahisseurs saxons et les a battus au mont Badon, vers 530-550.*

- **Lorsque les Barbares** ont attaqué l'Empire au IVe siècle, les troupes romaines ont quitté l'île de Bretagne. Le pouvoir est alors tombé aux mains de tyrans comme le roi breton Vortigern (425-456).
- **Vortigern** a invité les Saxons de Germanie à s'installer au sud et au sud-est de l'île pour l'aider à écraser les rebelles bretons, mais les Saxons se sont retournés contre lui.
- **Quand les Saxons** sont arrivés, les Bretons ont abandonné leurs fermes et leurs villes pour fuir vers l'ouest ou à l'étranger.

▲ *Le mur d'Hadrien aurait été une défense contre les Barbares. Il est admis que l'empereur Hadrien souhaitait marquer la frontière nord de son empire. Il a fallu six ans pour construire ce mur qui a connu de nombreuses modifications.*

Mahomet

- **Mahomet** (570-632) est le prophète arabe dont les enseignements constituent la base de l'islam.
- **Les musulmans**, adeptes de l'islam, croient que Mahomet est le dernier et le plus grand prophète de Dieu qu'ils appellent Allah.
- **Mahomet** est né à La Mecque en Arabie.
- **Son père** est mort avant sa naissance, sa mère quand il était enfant. Il a été élevé par son grand-père et son oncle.
- **À 25 ans**, Mahomet est entré au service d'une riche veuve de 40 ans appelée Khadidja, qu'il a plus tard épousée. Ils ont eu trois fils et quatre filles.
- **Parfois, Mahomet s'isolait pour méditer** dans la caverne d'une montagne. Un jour, il a une vision : il vit l'archange Gabriel qui lui annonça la parole de Dieu et lui commanda de la diffuser.

▼ *Tous les ans, des milliers de Musulmans venus des quatre coins du monde se réunissent autour de la Kaaba, à La Mecque, en Arabie Saoudite.*

◀ *Le Coran est le livre saint de l'islam qui recueille les enseignements de Mahomet.*

- **Les habitants** de La Mecque n'appréciaient pas les discours de Mahomet, c'est pourquoi il est parti s'installer à Médine en Arabie Saoudite en 622.
- **À Médine**, il a attiré de nombreux disciples. Les habitants de La Mecque ont alors déclaré la guerre à Médine mais ont été battus.
- **En 630**, Mahomet a fait une entrée triomphale à La Mecque. Il a accordé son pardon aux habitants et y a établi une mosquée.

LE SAVIEZ-VOUS ?

L'ère musulmane, ou hégire, commence le jour de la fuite de Mahomet à Médine.

L'habillement

- **Les premiers hommes** portaient des peaux de bêtes pour se tenir chaud.
- **On a trouvé** à Pavlov, en République tchèque, des empreintes de tissu fossilisé dans de l'argile, qui datent de 26 000 ans.

◀ *Les Grecs portaient des vêtements faits de bandes de laine ou de lin qu'ils enroulaient autour de leur taille pour faire une tunique ou une robe, ou autour de leurs épaules pour obtenir une cape. Les jeunes hommes portaient une courte cape* (chlamys) *sur une tunique cousue sur le côté et attachée sur une épaule. Les femmes portaient une robe* (chiton).

- **La connaissance que l'on a des anciens habits** vient de leurs représentations qui se trouvent sur des vases, des statues et des peintures murales. Les couleurs sont souvent parties, on sait toutefois que leurs vêtements étaient colorés, notamment grâce aux peintures de Pompéi, magnifiquement conservées.
- **Les plus vieux vêtements** ont été retrouvés dans des tombes égyptiennes, ils ont 5 000 ans.
- **La teinture bleu indigo**, extraite de la plante du même nom, a été prélevée sur des tissus égyptiens qui ont 4 400 ans.

◀ *Les Égyptiens avaient des vêtements de lin blanc. Les hommes portaient des jupes courtes, ils ont ensuite adopté de longues jupes enroulées autour de la taille. Les femmes aimaient les robes fourreaux. Après 1500 av. J.-C., hommes et femmes portaient de longues robes.*

- **Le rose tyrien** était une teinture mauve très prisée dans l'Antiquité. Originaire de la ville de Tyr, elle était faite avec la pourpre de Murex.

LE SAVIEZ-VOUS ?
Les Perses ont probablement été les premiers à porter des pantalons, il y a environ 4 000 ans.

- **Les hommes de l'Antiquité** comme les Égyptiens, portaient souvent de simples sandales ou des chaussures en papyrus ou en cuir. Le dramaturge grec Eschyle aurait inventé la chaussure à semelles compensées.
- **Les femmes minoennes** avaient des robes très originales, qui les serraient à la taille et découvraient leur poitrine.
- **Les citoyens romains** portaient une toge écrue. Des bords de couleur indiquaient le statut. Les fonctionnaires avaient des toges à bords roses, appelées *toga praetexta*. Les généraux romains portaient des toges rose tyrien. À partir d'Auguste, seul l'empereur portait une toge mauve.

▲ *En Europe du Nord, les peuples celtes s'habillaient de chauds vêtements de laine teinte et de cuir. Les femmes avaient des robes épaisses et des foulards. Les hommes portaient de longues tuniques, des jambières de toile et une cape.*

◀ *Les habits des Romains étaient semblables à ceux des Grecs. Les hommes et les femmes portaient des tuniques. Les citoyens avaient le droit de porter sur leur tunique un vêtement qu'ils drapaient, appelé toge.*

La vie des monastères

- **Certains fidèles** du christianisme et du bouddhisme se retirent de la vie ordinaire dans un monastère. Ils forment ainsi une communauté et se consacrent entièrement à la religion.
- **Le premier monastère chrétien** est celui de saint Antoine le Grand. Il vivait dans le désert égyptien vers 271, avait de nombreux fidèles.
- **Basile le Grand** (329-379) et sa sœur Macrine la Jeune ont fondé des monastères pour hommes et pour femmes en Cappadoce, en Turquie.

▲ *Les moines britanniques et irlandais enluminaient les livres. Ci-dessus l'*Évangile de Lindisfarne.

- **Le monachisme** s'est répandu très vite à travers l'Empire byzantin, entre les IVe et VIIe siècles.
- **Le monachisme** s'est développé plus lentement en Occident. Les tournées missionnaires de saint Martin de Tours (316-397) furent à l'origine de nombreuses fondations de communautés. Ces missionnaires ont été très bien accueilli en Grande-Bretagne et en Irlande.
- **Les monastères** comme ceux de Lindisfarne et Malmesbury étaient des centres d'apprentissage pendant l'âge des ténèbres.
- **Saint Bède** (672-735) est le plus célèbre moine érudit. Il était connu pour son grand savoir historique.
- **Le plus célèbre monastère** britannique est celui de l'île écossaise de Iona, fondé par saint Colomba en 563.

- **Saint Benoît** (480-547), dans l'abbaye du Mont-Cassin, a développé un mode de vie monacale particulier. Des milliers de monastères en Occident ont adopté progressivement cette règle de vie.
- **Les monastères** étaient très vulnérables face aux attaques des Barbares. Les moines étaient souvent tués et de nombreux trésors ont été volés.

▶ *Avant l'imprimerie, les moines copiaient à la main les textes, ils avaient en effet besoin de livres pour étudier.*

L'expansion de l'islam

- **Pour les musulmans**, leur religion est née le jour où le prophète Mahomet a quitté La Mecque en 622. Mais ce n'est qu'après sa mort que l'islam s'est vraiment développé.
- **Ce sont les *califes*** (« successeurs » de Mahomet) qui ont mené l'expansion de l'islam.

> **LE SAVIEZ-VOUS ?**
> En moins d'un siècle, l'empire musulman est devenu plus vaste que l'Empire romain à son apogée.

- **L'islam** s'est répandu grâce aux conquêtes. Les peuples se sont en effet très souvent convertis après avoir été conquis. Les conquérants musulmans toléraient néanmoins les autres religions.
- **Les musulmans** nomment *djihad* (guerre sainte) toute conquête qu'ils ont menée avec beaucoup de ferveur, pour étendre ou défendre la communauté islamique.
- **Les Arabes musulmans** ont conquis l'Irak (en 637), la Syrie (en 640), l'Égypte (en 641) puis la Perse (en 650).

▼ *Cinq fois par jour, les musulmans se tournent vers La Mecque et s'agenouillent pour prier.*

- **En 661**, la civilisation islamique s'étendait de la Tunisie à l'Inde. Damas en était la capitale.
- **Les premiers musulmans** étaient arabes mais, au cours de son expansion, l'islam engloba des peuples très différents les uns des autres.
- **Mahomet** a ordonné aux hommes de « rechercher la connaissance aussi loin qu'en Chine ». De nombreux musulmans étaient de grands savants.
- **Les arts et les sciences** se sont développés avec l'islam, c'est ainsi que la civilisation musulmane est devenue l'une des plus érudites et des plus avancées du monde.

▼ *Le Dôme du Rocher à Jérusalem est l'un des premiers monuments érigés par les musulmans.*

Les Fujiwara

- **La famille des Fujiwara** a dominé le Japon, à partir du VIIe siècle, durant cinq siècles .
- **Les Fujiwara sont vraiment** devenus puissants en 858, lorsque Fujiwara Yoshifusa a épousé l'empereur. À la mort de son époux, Yoshifusa a exercé la régence pendant la minorité de leur fils.
- **Les Fujiwara** ont gardé leur position de force en mariant leurs filles aux empereurs et en forçant ceux-ci ensuite à abdiquer, devenant ainsi des *kampaku* (régents) tout-puissants.
- **Le *kampaku*** ou régent dirigeait le pays tandis que l'empereur s'occupait des affaires religieuses.
- **Le pouvoir des Fujiwara** a atteint son apogée avec Michinaga (966-1028).
- **Les résidences de Michinaga** étaient magnifiques, il s'y tenait des banquets, des concerts, des lectures de poésie et des pique-niques.
- **Beaucoup de femmes** écrivaient des romans ou de la poésie. Les histoires d'amour étaient indissociables de jolies lettres poétiques.
- **La vie de Michinaga**, brève mais bien remplie, est racontée dans le célèbre roman *Genji monogatari* par Murasaki.
- **Sous le règne de Michinaga**, des familles de guerriers ont pris le dessus en réprimant des révoltes rurales. Ils ont ainsi mis un terme au pouvoir des Fujiwara.

▶ *Le* Genji monogatari *serait le plus vieux roman du monde. Il a été écrit vers l'an 1000 par Murasaki Shikibu, dame d'honneur au service de l'impératrice du Japon. Il raconte l'histoire du prince Genji et de ses nombreuses amours.*

LE SAVIEZ-VOUS ?

Sei Shonagon, dame à la cour de Michinaga, a écrit les *Notes de Chevet*, journal intime qui relate ses expériences.

Les Anglo-Saxons

- **Les Angles, les Saxons et les Jutes**, peuples d'origine germanique, ont envahi la Bretagne (Grande-Bretagne, aujourd'hui), entre 450 et 600.
- **Les Bretons** ont résisté. Ils ont finalement été chassés en 650 vers l'ouest de l'île et sont devenus esclaves.
- **Les Angles**, peuple qui donna son nom à l'Angleterre, se sont installés dans les régions d'East Anglia et des Midlands, les Saxons dans le Sussex, l'Essex et le Wessex.
- **Chaque tribu** avait son royaume. Vers 700, la plupart des personnes du sud de l'île se considéraient toutefois tous comme Anglo-Saxons.
- **Les sept royaumes** les plus puissants : l'Essex, le Kent, le Sussex, le Wessex, l'East Anglia, la Mercie et la Northumbrie constituaient une heptarchie.
- **Le roi** s'appelait *bretwalda*, ce qui n'empêchait pas les royaumes de se disputer le pouvoir.
- **Quand Éthelbert de Kent** est devenu *bretwalda* en 597, saint Augustin l'a converti au christianisme. Cette religion s'est vite répandue en Angleterre. Les monastères anglais sont alors devenus des universités européennes. Les maçons venus de Gaule et de Rome ont construit des églises en pierre.
- **La plupart des Anglo-Saxons** étaient des paysans, les autres étaient des guerriers.

▲ *En 1939, on a découvert à Sutton Hoo, dans la région d'East Anglia, la sépulture de Raedwald, chef suprême mort en 625. Ce casque est l'un des trésors que le vaisseau funéraire renfermait.*

- **Dans les années 700**, des commandos danois ont conquis toute l'Angleterre sauf le Wessex. Ils ont été repoussés par le roi Alfred. Leurs attaques ont repris sous le règne d'Éthelbert II (978-1016).
- **Edouard le Confesseur** (1042-1066), fils d'Éthelbert II, a été le dernier roi anglo-saxon.

▶ *Les Vikings scandinaves qui organisaient sans cesse des raids en Grande-Bretagne étaient les descendants des « barbares ».*

◀ *Les villages anglo-saxons étaient en bois, en chaume et en clayonnage (assemblage de branches).*

Les Bulgares

- **Les Bulgares** sont un peuple asiatique qui s'est installé en Europe sur les bords de la Volga, vers 370.
- **Ce peuple de cavaliers émérites** était gouverné par des *khans* (chefs) et par une aristocratie de *boyards* (nobles).
- **Les Bulgares ont attaqué les frontières de l'Empire byzantin**, puis ont été eux-mêmes attaqués par les Avars, un autre peuple asiatique.
- **Quand Kurt est devenu khan** des Bulgares, ces derniers se sont réinstallés dans les steppes. À la mort de Kurt, les Bulgares se sont divisés en cinq hordes, ou groupes.
- **Quatre des cinq hordes** ont disparu. Khan Asparoukh a mené la cinquième à l'ouest, dans la vallée du Danube. Les Bulgares se sont mêlés aux Slaves qui vivaient là et ont fondé l'Empire bulgare.
- **Les khans bulgares** se sont fait appeler *caesars* ou *tsars* après avoir aidé l'empereur byzantin Justinien II, en 710.
- **Les Bulgares** étaient en conflit permanent avec les Byzantins. Krum Khan (803-814) a, en 812, assiégé la ville de Constantinople. Il a écrasé les troupes de l'empereur Nicéphore Ier et aurait fait de son crâne évidé une tasse.
- **Les Byzantins** ont envoyé saint Cyrille et son frère saint Méthode convertir le peuple bulgare au christianisme. Le tsar Boris Ier s'est fait baptiser en 864.
- **Saint Cyrille** a inventé l'alphabet cyrillique, encore utilisé aujourd'hui par les Russes et d'autres Européens de l'Est.
- **L'Empire bulgare** a connu son apogée sous Siméon Ier (893-927). Sa capitale, Preslav, s'est inspirée de la splendeur de Constantinople.

▲ *Au début du* VIII*e siècle, les Bulgares se sont convertis au christianisme et ont adopté l'Église orthodoxe d'Orient des Byzantins. Ils ont commencé à peindre des icônes (images pieuses).*

Les califes

- **Les califes** étaient les chefs spirituels et temporels de l'islam. Le mot calife signifie successeur. Ils auraient été les successeurs de Mahomet, mort en 632.
- **Abu Bakr**, le beau-père de Mahomet, a été le premier calife. Umar, Uthman et Ali lui ont succédé.
- **Les quatre premiers califes** sont nommés les Rashidun (bien guidés) car ils sont les seuls à avoir été acceptés par tous.
- **À la mort d'Ali**, en 661, une guerre civile a déchiré l'islam. Certains musulmans, appelés les chiites, ne reconnaissaient comme chefs que les successeurs d'Ali. La majorité des musulmans ont toutefois suivi la famille des Omeyyades qui se sont emparés du califat et se sont installés à Damas.
- **Les califes omeyyades** ont étendu l'empire islamique au nord de l'Afrique et en Espagne grâce à une série de conquêtes. Ce grand territoire était très difficile à administrer.
- **En 750**, Marwan II, le dernier calife omeyyade, à la suite de la bataille du Grand Zab, est renversé par les Abbassides, descendants de l'oncle de Mahomet.
- **Les califes abbassides** se sont tournés vers l'est et ont fondé leur capitale à Bagdad qui est très vite devenue la ville la plus riche de l'empire islamique.
- **Sous les Abbassides**, surtout sous le règne d'Haroun al-Rachid, l'islam est devenu célèbre pour ses sciences, son savoir et son art.
- **Un Omeyyade** a réussi à échapper au massacre et s'est enfui pour fonder un califat rival en Espagne (756-1031).
- **Les descendants de Fatima**, la fille de Mahomet, ont également établi un califat rival en Égypte, où ils ont fondé la ville du Caire.

▶ *Sous les califes abbassides, les artistes islamiques ont exécuté de splendides carreaux de céramique.*

▼ *Cette mosquée du Caire est dédiée au calife Ali, l'un des premiers califes reconnus par tous les peuples.*

Alfred le Grand

▲ *Ce bijou en émail et en or a été trouvé près d'Athelney. Il y est écrit : « Aelfred me ech eh t gewyrcan », qui signifie en vieil anglais « Alfred m'a ordonné d'être fait ».*

- **Alfred le Grand** (849-899) a été le plus grand roi anglo-saxon.
- **Il est devenu roi** de Wessex en 871, alors que les Danois occupaient l'East Anglia, la Northumbrie et la Mercie.
- **En 878**, une série de violentes attaques danoises a obligé Alfred à se cacher sur l'île d'Athelney, dans les marais du Somerset.
- **Durant sa fuite**, Alfred se serait réfugié chez un porcher. Alfred était si fatigué qu'il s'est endormi près du feu en laissant des gâteaux brûler. La femme du porcher, ne sachant pas qu'il était roi, l'a réprimandé.
- **Depuis Athelney**, Alfred a levé en secret une armée et est sorti de sa cachette pour remporter une victoire décisive contre les Danois à Edington. Les Danois ont alors accepté de se retirer de l'East Anglia et leur roi Guthrum s'est fait baptiser.
- **En 886**, Alfred a repris la ville de Londres et a obligé les Danois à rester dans une région appelée Danelaw.
- **Alfred a fait construire des forts**, a réorganisé son armée et a créé une flotte afin de mieux défendre le pays des invasions.
- **C'était un roi sage et bienveillant** qui a établi des lois justes afin de protéger les faibles des juges corrompus et d'aider les plus pauvres.

- **Alfred**, homme cultivé, encourageait l'apprentissage. Il a décrété que tous les jeunes hommes devaient apprendre à lire, et a rendu disponible en anglo-saxon de nombreux livres.

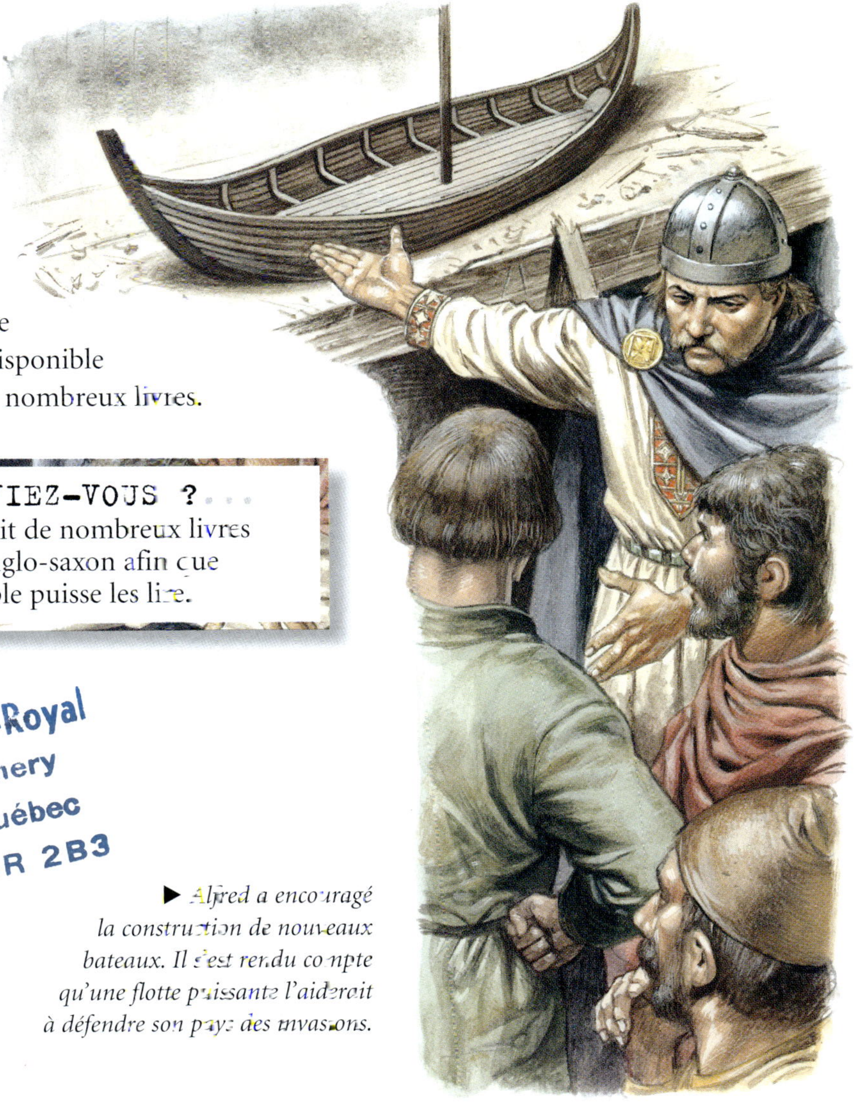

LE SAVIEZ-VOUS ?

Alfred a traduit de nombreux livres latins en anglo-saxon afin que son peuple puisse les lire.

▶ *Alfred a encouragé la construction de nouveaux bateaux. Il s'est rendu compte qu'une flotte puissante l'aiderait à défendre son pays des invasions.*

Les Berbères

- **Les Berbères** vivaient au nord de l'Afrique depuis des temps très anciens.
- **Le mot « berbère »** viendrait du mot *barbara*, qui signifie « barbares ».
- **Les Berbères numidiques** se sont alliés, pour un temps, avec Carthage, grande cité fondée il y a 3 000 ans par les commerçants phéniciens venus du Liban .
- **Les Berbères** ont pu faire face aux invasions des Carthaginois, des Romains, des Vandales puis des Byzantins, en se retirant au sud dans le désert du Sahara et en menant une vie de nomade et parfois de brigand.
- **Au VIIe siècle**, les Arabes ont envahi le nord de l'Afrique et, après une longue résistance, de nombreux Berbères sont devenus musulmans.
- **Les Berbères** ont conservé leur indépendance en adaptant l'islam à leur mode de vie. Les marabouts, hommes saints, vivaient simplement et moralement.
- **Après 740**, ils ont repris aux califes omeyyades le contrôle de l'Afrique du Nord.
- **Les Berbères ont bâti des royaumes** sous les Almoravides (1061-1145), puis les Almohades (1121-1269) et ont réalisé l'unité du Maghreb, en dominant la totalité de l'Afrique du Nord et une partie de l'Espagne.
- **Ibn Tumart** a été le premier chef almohade. Il disait qu'il était le Mahdi, c'est-à-dire le prophète dont la venue avait été prédite par Mahomet.
- **Les empires berbères** sont tombés aux mains des Arabes au XIIe siècle.

▲ *Après la chute de leurs royaumes, les Berbères ont survécu dans les conditions extrêmes du Sahara.*

Les Vikings

- **Les Vikings** étaient des guerriers téméraires originaires de Norvège, de Suède et du Danemark. Entre 800 et 1100, ils ont écumé les côtes du nord-ouest de l'Europe à bord de leurs drakkars, à la recherche de riches butins.
- **La population** de ces côtes était terrifiée par les attaques éclairs des Vikings. Dans les régions où ils se livraient à des incursions, les hommes priaient ainsi : « Délivre-nous, Seigneur, de la fureur des Nordiques, ils dévastent nos terres et tuent nos femmes et nos enfants. »
- **Les Vikings** se vantaient de leur bravoure lors des combats. Ils se battaient à pied, avec des épées, des lances et des haches. Les plus riches étaient à cheval.
- **Les troupes d'élite**, appelées *berserkers*, donnaient l'assaut. *Berserk* signifie « chemise nue » car ces soldats ne portaient pas d'armure. Avant la bataille, ils buvaient et se droguaient. Ils demandaient à leur dieu Odin de les protéger.
- **Le mot « viking »** n'est apparu que plus tard. À l'époque, les gens les appelaient les Nordiques. « Viking » viendrait de Vik, repaire de pirates en Norvège. Quand les Nordiques allaient à Vik, cela voulait dire qu'ils allaient se battre en tant que pirates. Les Vikings suédois installés en Europe de l'Est se seraient appelés les Rus et auraient donné leur nom à la Russie.
- **Tous les Vikings n'étaient pas des pirates**. Ils étaient paysans et pêcheurs, commerçants et artisans. Beaucoup sont partis avec les expéditions et se sont installés dans le nord de la France et de l'Angleterre et à Dublin.
- **Les Vikings** se sont surtout attaqués à l'île de Bretagne et à l'Irlande, mais ils ont aussi sévi jusqu'à Gibraltar et en Méditerranée.
- **Les Vikings** se sont aventurés en Russie et en Ukraine, et ont commis des pillages plus au sud, comme à Constantinople qu'ils surnommaient Miklagard, « grande ville ».

LE SAVIEZ-VOUS ?

En 885, le comte Odon et 200 chevaliers ont défendu avec héroïsme la ville de Paris contre des hordes de Vikings, mais la ville a été réduite en cendres.

- **Les Nordiques** installés dans le nord de la France s'appelaient les Normands. Guillaume le Conquérant, qui a envahi l'Angleterre en 1066, était le descendant du chef Rollon.

▶ *Ce genre de marteau accompagnait un Viking tout au long de sa vie. On l'élevait au-dessus de son berceau, on le posait sur les genoux de la mariée, on le sculptait sur sa tombe. Le marteau est le symbole de Thor, grand dieu viking. Les autres principaux dieux sont Odin et Freyr. Les Anglo-Saxons avaient les mêmes dieux. Ils ont donné leurs noms aux jours de la semaine : le jour d'Odin est Wednesday (mercredi), le jour de Thor est Thursday (jeudi) et le jour de Freyr, Friday (vendredi).*

◀ *La plupart des Vikings étaient des paysans. Les femmes s'occupaient de la vie du foyer quand leurs maris partaient en expédition.*

Les traversées vikings

- **Les Vikings** étaient de grands marins. Ils ont entrepris de formidables traversées au cours de l'Antiquité.
- **Ils ont traversé** la mer Baltique en bateau. Ils ont également remonté les fleuves Vistule et Dniepr.
- **Ils sont aussi allés** vers l'ouest et ont fait le tour des îles britanniques, puis vers le sud, ont longé l'Espagne, avant d'entrer en Méditerranée.
- **Les traversées** les plus audacieuses sont celles de l'océan Atlantique Nord.
- **Dès le xe siècle**, les Vikings se sont installés sur les îles éloignées au nord, comme l'Islande, les îles Féroé et le Groenland.

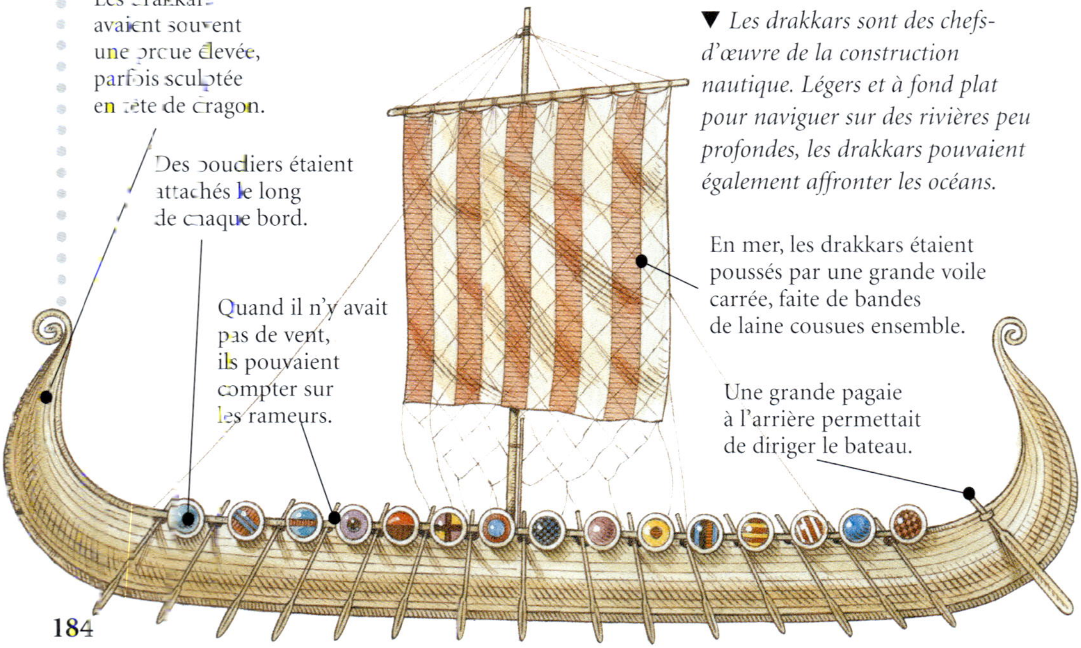

▼ *Les drakkars sont des chefs-d'œuvre de la construction nautique. Légers et à fond plat pour naviguer sur des rivières peu profondes, les drakkars pouvaient également affronter les océans.*

- **Vers 800**, les Vikings menés par Ohthere ont atteint les îles sibériennes de Novaïa Zemlia dans l'Arctique.
- **En 1000**, Bjarni Herjolffson a dévié de sa route alors qu'il revenait du Groenland et il a aperçu une terre inconnue.
- **Leif Eriksson** a voyagé vers l'ouest pour retrouver cette terre inconnue. Des histoires appelées *sagas* racontent comment il a trouvé cette nouvelle terre. Les Vikings l'ont appelée Vinland, car il y poussait des baies « de vin ». Il s'agissait sûrement d'airelles.
- **La plupart des spécialistes** pensent aujourd'hui que le Vinland est l'Amérique du Nord, et que Leif est le premier Européen à y avoir posé le pied.
- **En 1004**, le Viking Thorfinn est parti s'installer pour trois ans à Vinland avec 130 personnes. Des traces du passage de Thorfinn ont été trouvées en 1963, dans l'anse aux Meadows, à l'extrémité nord de Terre-Neuve.

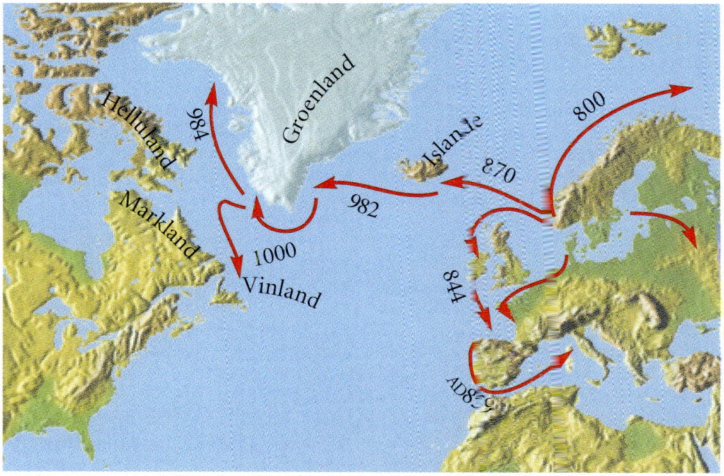

▶ *Les guerriers vikings possédaient une lance, un couteau et un bouclier. Ils considéraient leurs armes comme sacrées.*

◀ *Cette carte indique quelques traversées faites par les Vikings, et leurs dates approximatives. Les noms sont d'origine viking.*

La société viking

- **Les Vikings** mangeaient du bœuf, du fromage, des œufs et du lait de leurs fermes, des produits de la chasse tels que de la viande de cerf, d'élan et de phoque, et du poisson, comme de la morue, du hareng et du saumon.
- **Ils habitaient** des maisons en bois à un étage, avec des toits pentus, et sans fenêtres. On trouvait au milieu un foyer pour chauffer et cuisiner. L'homme s'asseyait sur une chaise, le « haut siège », le reste de la famille sur des bancs.
- **Les hommes** portaient des pantalons et des chemises à manches longues. Les femmes s'habillaient de longues robes de laine ou de lin.
- **Les hommes** avaient le droit d'avoir deux ou trois femmes. Les mariages étaient arrangés par les parents.
- **Les femmes** pouvaient divorcer, ce qui était rare à l'époque.
- **Les *skalds*** (poètes vikings) mettaient en poèmes leurs combats.
- **Les Vikings** étaient de grands conteurs. Ils parlaient de leurs aventures dans de longs récits appelés *sagas*.

◀ *Le dieu Odin aurait monté un cheval à huit jambes. Il était escorté par deux corbeaux qui lui ramenaient les nouvelles du front.*

LE SAVIEZ-VOUS ?
Les villages vikings étaient gouvernés par un conseil appelé la *Chose*.

- **Les premières** *sagas* n'étaient qu'orales. Dès 1100 ou 1300, les Vikings les ont écrites. La plus connue est la saga de Njal.
- **Les Vikings étaient très croyants** et vénéraient plusieurs dieux. Ils croyaient que s'ils mouraient au combat, ils iraient à Valhalla, une salle spéciale d'Asgard, la maison des dieux.

◀ *Les femmes s'occupaient des enfants et de la maison, tout en disposant de droits incroyables pour l'époque.*

Les premiers Russes

- **On sait peu de chose sur les premiers habitants** de la Russie. Il s'agissait surtout de peuples nomades qui ont laissé peu de traces, tels les Cimmériens (1200-700 av. J.-C.) et plus tard, les Huns et les Khazars.
- **Vers 800**, la Russie se trouvait sur la route principale qui menait du nord-ouest de l'Europe aux plus riches villes du monde d'alors : Constantinople et Bagdad.
- **Les peuples slaves** ont établi des villages commerçants tels que Novgorod. Ils échangeaient de l'ambre, des fourrures, du miel, de la cire et du bois.
- **Dès 860**, des aventuriers scandinaves ont fait des incursions puis du commerce dans la région. On les appelait les Russes varègues. Le plus connu d'entre eux est Rurik du Jutland, qui s'est emparé de la région de Novgorod.
- **La ville de Kiev** s'est développée plus au sud, sur les bords de la Dniepr.
- **Le « grand prince » varègue de Kiev** a très vite gouverné une vaste région que les historiens appellent la Russie kiévienne.
- **Vers 970**, les Slaves se sont emparés de Kiev.
- **Vladimir Ier le Grand** (980-1015) a fait de la Russie kiévienne la première nation russe.
- **D'après la légende, Vladimir** a envoyé des hommes à lui à l'étranger pour qu'ils étudient les différentes religions. Rien ne les impressionnait jusqu'à ce qu'ils arrivent à Sainte-Sophie à Constantinople. Ils étaient si étonnés qu'ils ne savaient plus « s'ils étaient au ciel ou sur terre ».
- **Kiev** a vite adopté le christianisme byzantin. En 50 ans, elle s'est parée de 200 magnifiques églises, dont sa propre réplique de Sainte-Sophie. Vladimir est devenu le premier saint russe.

▶ *La splendide cathédrale Sainte-Sophie à Kiev ressemble beaucoup à la basilique Sainte-Sophie de Constantinople.*

Haroun al-Rachid

- **Haroun al-Rachid** (766-809) est le calife le plus célèbre de la dynastie abbasside.
- **Bagdad,** sous son califat, était alors la ville la plus prestigieuse du monde musulman, réputée pour son luxe, sa poésie, sa musique et son érudition.
- **Haroun** était célèbre partout. Il a envoyé des ambassadeurs auprès de l'empereur chinois et a offert un éléphant à Charlemagne.
- **Sa femme** Zoubida, ne voulait boire que dans des tasses d'or et d'argent incrustées de pierres.
- **Haroun** était le grand protecteur des arts, et offrait de somptueux cadeaux aux poètes et aux musiciens. Il appréciait aussi les combats de chiens, et a fait exécuter de nombreuses personnes.
- **Selon la légende,** Haroun aimait autant discuter au clair de lune avec son ami Abu Nuwas, brillant poète, qu'avec Masrur, son bourreau.
- **Il est devenu célèbre** grâce à la fabuleuse collection de 200 et quelques contes qu'il a rassemblés et qui compose le recueil des *Mille et Une Nuits*.
- ***Les Mille et Une Nuits*** racontent notamment les aventures d'Aladin, d'Ali Baba ou encore de Sindbad le Marin.
- **Le premier conte** raconte l'histoire du roi Chahriyar de Samarcande. Rendu furieux par l'infidélité de sa femme, il a fait le vœu d'épouser une nouvelle jeune fille chaque nuit et de la décapiter le matin venu.
- **La superbe princesse Shéhérazade** a insisté pour épouser le roi. La nuit tombée, elle commençait une histoire pour le distraire, il la laissait ainsi vivre un jour de plus pour qu'elle lui raconte la fin. Elle lui conta ainsi des histoires pendant 1 001 nuits. Le roi a fini par tomber follement amoureux d'elle et renonça à l'exécuter.

◀ *La magie et le charme de Bagdad sous Haroun sont rendus dans les contes des* Mille et Une Nuits.

Saint Empire romain

- **Le Saint Empire romain germanique** a été fondé en 962 et s'est disloqué en 1806. Il trouve ses racines dans l'empire franc créé par Charlemagne.
- **Le pape Léon III** (795-816) a tenté de gagner la protection de Charlemagne, roi des Francs, en réveillant l'idée d'un Empire romain.
- **Le pape Léon III** aurait surpris Charlemagne dans l'église de Saint-Pierre à Rome, le jour de Noël de l'an 800, et aurait déposé la couronne de l'Empire sur sa tête.
- **L'Empire franc** de Charlemagne, qui couvrait à l'époque la France, l'Allemagne et l'Italie, a profondément marqué les institutions du futur Saint Empire romain germanique.
- **Lorsque Charlemagne** est mort en 814, ce nouvel empire s'est effondré.
- **En 962**, le roi germain, Otton Ier, dominait aussi bien la Germanie que l'Italie. Il a insisté pour que le pape le couronne empereur romain chrétien.
- **Pendant des siècles**, l'Empire a constamment dû faire face à l'hostilité des puissants princes germains et de la papauté.
- **En 1076**, le pape Grégoire VII et l'empereur Henri IV se sont affrontés pour le pouvoir. Lorsque les sujets du roi Henri ont pris le parti du pape, Henri a été déposé.
- **Grégoire VII a excommunié Henri IV** qui est resté pieds nus dans la neige pendant trois jours devant un château en Toscane afin de demander pardon.
- **La cité-État du Vatican** et plusieurs cités italiennes ont obtenu de l'empereur une indépendance presque totale.

▲ *En 1250, le Saint Empire romain germanique s'étendait de l'Europe du Nord à la Méditerranée. Il apparaît en marron foncé. Les États de l'Église, en jaune, séparaient le royaume des Deux-Siciles du reste de l'Empire auquel il appartenait.*

Les Toltèques

- **En 900**, la cité de Teotihuacán a été détruite. Le Mexique s'est alors trouvé sous la domination des tribus guerrières venues du nord.
- **L'une de ces tribus** guerrières, les Toltèques, aurait détruit Teotihuacán sous le commandement de Mixcóatl. Son nom signifie « serpent nuage ».
- **Sous le règne de Topiltzin**, le fils de Mixcóatl, les Toltèques auraient fondé un empire et une capitale à Tollan qui serait l'actuelle Tula, à 45 km au nord de Mexico.
- **Topiltzin** a fait adopter le culte du dieu Quetzalcóatl (« serpent à plumes ») et a pris le même nom.
- **Les Toltèques** n'étaient pas seulement des guerriers mais aussi des architectes et des artisans. Tollan abritait de nombreuses pyramides, des temples et bien d'autres monuments encore, impressionnants et immenses.

> **LE SAVIEZ-VOUS ?**
> Le nom de toltèque a plusieurs significations : « personne cultivée », « citadin » et « peuple de roseau ».

- **La légende** dit que des rivaux jaloux, dont les prêtres du dieu Tezcatlipoca (« miroir fumant »), ont chassé Topiltzin Quetzalcóatl de Tollan.
- **Après avoir quitté Tollan**, Quetzalcóatl s'est réfugié dans le Yucatan.
- **Les Aztèques** ont été fortement influencés par les Toltèques. Les Aztèques ont pris l'idée des sacrifices humains aux prêtres de Tezcatlipoca. Quand les Espagnols sont arrivés en 1519, certains Aztèques ont cru que c'était Quetzalcóatl qui revenait pour se venger.
- **L'empire toltèque** s'est effondré au XIIe siècle entraînant la disparition de la cité de Tollan.

▶ *Les temples toltèques à Tollan étaient gardés par des statues de pierre qui représentaient des guerriers, comme celle-ci.*

Les Maoris

- **Aucun homme** n'a posé le pied en Nouvelle-Zélande avant notre ère.
- **Les premiers** à s'installer en Nouvelle-Zélande étaient les Polynésiens.
- **Les Polynésiens** sont venus en canoë depuis les îles du Pacifique.
- **Vers 100**, des Polynésiens appelés Moriori se sont installés aux îles Marquises, de Cook et de la Société.
- **La tradition** nous raconte comment les Maoris sont arrivés par vagues successives en Nouvelle-Zélande, à partir de 800 jusqu'à l'arrivée d'une grande flotte venue de la terre mythique d'Hawaiki, vers 1300.
- **Hawaiki** correspondrait en fait à l'île de Tahiti, dans le Pacifique.

▲ *Les Maoris vivaient près des côtes ou des rivières et voyageaient la nuit dans des canoës légers.*

- **Les archéologues** ont trouvé des traces de campements maoris en Nouvelle-Zélande. Ils dateraient de l'an 800.
- **Les premiers Maoris** vivaient surtout de la chasse et de la pêche.
- **Ils étaient** d'habiles sculpteurs sur bois, et construisaient de magnifiques maisons en bois couvertes de gravure.

▶ *La superbe île de Tahiti est un paradis tropical. Elle serait la terre mythique d'Hawaiki, d'où seraient parties les premières flottes de Maoris qui auraient peuplé la Nouvelle-Zélande.*

Charlemagne

- **En 732**, à Poitiers, les Francs (premiers Français) menés par Charles Martel ont stoppé l'expansion musulmane en Occident.
- **Le fils de Charles Martel**, Pépin le Bref, s'est assuré du pouvoir de sa famille sur l'Empire franc. En 768, Charlemagne, le fils de Pépin, est devenu roi des Francs.
- **Charlemagne** (742-814) a été l'un des plus grands souverains européens du Moyen Âge.
- **Le nom de Charlemagne** signifie « Charles le Grand ».
- **Il était un grand chef militaire** et a remporté 53 campagnes avec ses armées. Il a multiplié les victoires sur les Maures en Espagne, sur les Saxons et les Avars en Europe centrale.
- **En 796**, Charlemagne a fondé un empire qui unissait la France, la Germanie, le nord de l'Italie et le nord de l'Espagne.
- **Comme Charlemagne** était chrétien, le pape l'a fait sacrer empereur d'Occident, en 800.
- **Bon souverain**, il a établi un système judiciaire efficace et introduit l'idée d'avoir des jurés dans les procès.
- **Charlemagne** parlait latin, grec et allemand. Il a encouragé l'enseignement avec l'aide du grand maître Alcuin.
- **Le palais qui se trouvait à Aix-la-Chapelle**, capitale de Charlemagne, était l'école la plus importante d'Europe.

▶ *Cette superbe coupe, connue sous le nom de « coupe de Charlemagne », date de l'époque des Croisades.*

▼ *Après la mort de Charlemagne, de nombreuses légendes ont couru à son sujet. On sait qu'il devait avoir une forte personnalité. Un témoin a dit de lui : « Il avait un corps large et fort, une taille inhabituelle […] et il marchait avec fermeté. »*

Les Magyars

- **Les plaines du Danube** (actuelle Hongrie) ont été colonisées dès le début de l'histoire de l'humanité, bien que l'on sache peu de chose sur cette région avant qu'elle n'abrite les provinces romaines de la Dacie et de la Pannonie. À cette époque, ces plaines abritaient des populations celtes et slaves.
- **La Dacie et la Pannonie**, deux provinces romaines, sont très tôt tombées aux mains des envahisseurs barbares : les Goths, les Huns et les Avars.
- **En 795**, Charlemagne a écrasé les Avars.
- **En 892**, un autre roi franc, Arnolf, a demandé au peuple des Magyars, originaires du sud de l'Oural, de l'aider à combattre les Moraves qui vivaient dans la plaine du Danube.
- **Les Magyars**, ou Hongrois, habitaient les steppes près du Don en Russie depuis 3000 av. J.-C.
- **En 889**, les Magyars ont été repoussés vers les frontières de leurs terres par un peuple appelé les Pechenegs. Ils ont donc répondu avec reconnaissance à l'appel d'Arnolf.
- **Sous la conduite du légendaire Arpad**, les Magyars ont envahi la plaine du Danube et en ont fait leur pays.
- **En 975**, l'arrière-petit-fils d'Arpad, Géza, s'est fait baptisé et a commencé à forger une nation hongroise.
- **Étienne Ier** (997-1038), le fils de Géza, a poursuivi son œuvre et est devenu le premier roi de Hongrie.
- **Le roi Étienne Ier**, appelé aussi saint Étienne, a été couronné par le pape le jour de Noël de l'an 1000.

▲ *Le roi Étienne est une figure célèbre de l'histoire hongroise. Sa couronne est devenue le symbole de la nation.*

Les scélérats célèbres

- **L'Antiquité** compte de nombreux scélérats célèbres. Ainsi nommés par leurs ennemis, on ne peut pas vraiment savoir à quel point ils étaient vils.
- **La plupart des scélérats** sont des Romains. On compte parmi eux les empereurs Caligula, Néron et Sejan, le ministre de l'empereur Tibère, qui aurait empoisonné Drusus, le fils de Tibère.
- **Messaline** (22-48), la femme de l'empereur Claude, demandait à son époux d'exécuter tous les hommes qui résistaient à ses avances.
- **Agrippine**, la quatrième femme et nièce de Claude, l'aurait empoisonné pour laisser le champ libre à son fils Néron
- **De nombreuses histoires** mentionnent la cruauté de l'empereur chinois Shi Huang Di. Il aurait fait tuer 460 savants.
- **Artaxerxès** (mort en 338 av. J.-C.) est le roi perse, qui a pillé l'Égypte avec cruauté en 343 av. J.-C.

▲ *L'empereur Néron est décrit comme un scélérat corrompu de la Rome antique, on le dit coupable de l'incendie qui a dévasté Rome en 64.*

- **Artaxerxès et ses fils**, excepté Arsès, ont été assassinés par le ministre Bagoas en 338 av. J.-C. Bagoas a fini par tuer Arsès et a tenté d'empoisonner le nouveau roi, Darius III. Ce dernier l'a découvert et Bagoas a bu lui-même le poison.
- **Hérode le Grand** (73-4 av. J.-C.), proclamé roi de Judée par le sénat romain, s'est rendu célèbre pour le meurtre de son épouse Mariamne ainsi que pour le récit biblique du « Massacre des Innocents » : Hérode a ordonné à ses soldats de tuer tous les bébés de Bethléem afin de se débarrasser des enfants juifs, car il avait appris qu'un enfant, dont le destin était de devenir roi de Judée, venait de naître.
- **Ponce Pilate**, gouverneur romain de Judée, a donné l'ordre de crucifier Jésus.
- **Théodora**, la femme de Justinien Ier, était connue pour sa terrible police secrète.

▶ *L'empereur romain Caligula, malveillant et psychologiquement instable, terrifiait tout le monde.*

Premiers rois anglais

- **Egbert**, roi de Wessex entre 802 et 839, est devenu le premier vrai roi d'Angleterre en conquérant la Mercie à Ellandum en 829. Son règne n'a duré qu'une année avant que le roi mercien, Wiglaf, ne réclame son royaume.

▲ *Le roi Canut.*

- **Pendant 100 ans**, les Danois ont dominé la majeure partie de l'Angleterre. Le fils d'Alfred le Grand, Edward, et sa fille, Aethelflaed, ont fini par chasser les Danois en 918.
- **La royauté anglaise** a été instaurée avec Athelstan, proclamé roi, à Kingston, le 4 septembre 925.
- **Éthelred II** a été roi entre 978 et 1013, puis entre 1014 et 1016. Mais il était mal avisé et mal entouré.
- **Ses sujets** avaient si peu confiance en lui que les Danois n'ont eu aucun mal à reconquérir l'Angleterre en 980.
- **En 1013**, le Danois Sweyn Forkbeard s'est proclamé roi d'Angleterre.
- **Quand Sweyn est mort**, Éthelred est remonté sur le trône jusqu'à ce que le fils de Sweyn, Canut, le chasse. Canut est devenu roi en 1016 en épousant Emma, la veuve d'Éthelred.
- **Canut Ier** était un bon roi. On dit qu'il repoussait les flatteurs en leur montrant qu'il ne pouvait même pas arrêter la marée montante.
- **Harold Ier** (1035-1040, puis Harthacanute de 1040 à 1042) a accédé au pouvoir après Canut, en 1035. Edouard le Confesseur, le fils d'Éthelred, est ensuite devenu roi, mais les Danois ne voulaient pas d'un roi saxon.
- **Les Danois** ont fait appel à leurs alliés norvégiens, qui ont récupéré le trône d'Angleterre, d'abord avec Magnus, puis avec Harold Hardraada.

▶ *La ville de Winchester dans le sud de l'Angleterre était la capitale d'Alfred le Grand. Elle était un important centre d'érudition. Canut en a aussi fait sa capitale, son fils Hardecanute y est enterré avec Alfred.*

Les premiers Ecossais

- **Les premiers hommes** se sont installés en Écosse, il y a 7 000 ans. Des vestiges de leurs huttes sont visibles à Skara Brae, en Orkney.
- **Les Pictes**, peuple celte, sont arrivés un peu avant les Romains qui n'ont pas réussi à conquérir une grande partie de l'Écosse.
- **L'origine des Pictes** est incertaine. Ils seraient originaires de la mer Morte.
- **Des tours rondes en pierre** de 15 m de haut, appelées *brochs*, ont été élevées par les Pictes, au Ier siècle av. J.-C., pour se défendre contre des envahisseurs.
- **Les Scots**, peuple celtique, sont arrivés de Dalriada en Irlande vers 470.
- **Après la construction du monastère de Iona**, l'Écosse s'est convertie au christianisme.
- **En 563**, l'Écosse était divisée en quatre royaumes : le Dalriada des Scots à l'ouest, celui des Pictes au nord, le Strathclyde des Bretons au sud-ouest et la Bernicia des Angles à l'est.

◀ *Les Romains ont donné aux Pictes ce nom car* picti *signifie en latin « hommes peints ». Les Pictes étaient en effet tatoués.*

- **En 685**, les Pictes ont chassé les Angles. Kenneth McAlpin, le roi scot de Dalriada, a soumis les Pictes en 843. Il a créé un pays appelé Albe, la toute première Écosse.
- **Entre 900 et 1000**, le trône d'Écosse a été très disputé. Kenneth III a tué Constantin III pour devenir roi. Malcolm II a tué à son tour Kenneth III et Duncan Ier, qui le soutenait, s'est fait tuer par son général, Macbeth, lui-même assassiné par Malcolm III.
- **La femme** de Malcolm III, sainte Margaret (1045-1093), a grandi en Hongrie où son père était exilé.

▶ *Macbeth (mort en 1057) est le roi écossais qui a inspiré la tragédie de Shakespeare. Il a tué Duncan lors d'une bataille et non dans son lit comme le suggère la pièce.*

Index

Les numéros de page *en italique* renvoient aux légendes des illustrations. Les numéros de page **en caractère gras** renvoient à un développement particulier sur le sujet.

A

Index

Index

F

Index

Index

J

K

L

Index

Index

S

Index

Remerciements

L'éditeur souhaite remercier les illustrateurs suivants pour leur contribution à cet ouvrage : Richard Berridge, Vanessa Card, Nicholas Forder, Chris Forsey, Mike Foster, Terry Gabbey, Richard Hook, John James, Roger Kent, Aziz Khan, Kevin Madison, Janos Marffy, Roger Payne, Terry Riley, Martin Sanders, Rob Sheffield, Peter Sarson, Guy Smith, Roger Stewart, Studio Galante, Mike Taylor, Rudi Vizi, Mike White, John Woodcock, ainsi que l'agence CORBIS pour les photographies des pages 56 Lyndsey Hebberd ; 171 Bass Museum of Art et 189 Archivo IcongraficoSA.

Toutes les autres illustrations sont extraites des Archives Miles Kelly.